青少年 qingshaonian z

最爱玩的创新力
思维游戏

chuangxinli siwei youxi

蔡尚芊 编著

本书从大量的益智游戏中精选了一些青少最喜欢的思维游戏，为广大读者提供一个检视自己的思维结构、全面解码知识、融通知识、锻炼思维的自我训练平台。

中国出版集团
现代出版社

图书在版编目（CIP）数据

青少年最爱玩的创新力思维游戏／蔡尚芊编著．— 北京：现代出版社，2011.9（2025年1月重印）

ISBN 978 - 7 - 5143 - 0323 - 0

Ⅰ．①青… Ⅱ．①蔡… Ⅲ．①智力游戏 – 青年读物
②智力游戏 – 少年读物 Ⅳ．①G898.2

中国版本图书馆 CIP 数据核字（2011）第 146371 号

青少年最爱玩的创新力思维游戏

编　　著	蔡尚芊
责任编辑	吴庆庆
出版发行	现代出版社
地　　址	北京市安定门外安华里 504 号
邮政编码	100011
电　　话	010 - 64267325　010 - 64245264（兼传真）
网　　址	www.1980xd.com
电子信箱	xiandai@ vip.sina.com
印　　刷	三河市人民印务有限公司
开　　本	710mm × 1000mm　1/16
印　　张	13
版　　次	2011 年 10 月第 1 版　2025 年 1 月第 9 次印刷
书　　号	ISBN 978 - 7 - 5143 - 0323 - 0
定　　价	49.80 元

前　言

创新是指人为了一定的目的，遵循事物发展的规律，对事物的整体或其中某些部分进行变革，从而使其得以更新与发展的活动。而创新能力指人在顺利完成以原有知识经验为基础的创建新事物的活动中表现出来的潜在的心理品质。创新能力具有综合独特性和结构优化性等特征。遗传素质是形成人类创新能力的生理基础和必要的物质前提，它潜在决定着个体创新能力未来发展的类型、速度和水平。

爱因斯坦曾经说过："想象力比知识更重要。"一个问题的提出往往比解决问题更重要，因为解决一个问题也许仅是一个科学上的实验技能而已，而提出新的问题、新的可能性，以及从新的角度看旧的问题，却需要有创造性的想象力，而且标志着科学的真正进步。

创新力是综合各种知识和实践经验的能力，是人最重要和最有价值的一种能力，是发挥个人潜能的关键要素。当今世界的发展日新月异，我们面临着一次又一次重要变革，在这场史无前例的知识变革中，创新力已经成为决定我们是勇立潮头的时代弄潮儿，还是被时代所淘汰的关键因素。

要想具备先进创新思维，拥有较强的创新思维能力，就要有意识地去训练思维，人的一生可以通过学习来获取知识，但培养创新思维能力，却不是这么容易的事，而思维游戏是实现这一目的的有效途径。

兴趣是最好的老师，而游戏恰恰是青少年最感兴趣的事，在这个课程里对孩子来说没有"学"的概念，只有"玩"的快乐，孩子不必被动地接受训练，而是积极主动地参与其中。在游戏中，思维习惯、思维能力得到潜移默化的提升，达到事半功倍的效果。另外，孩子保持注意力集中的时间较短，让一个孩子长时间地主动学习，不符合儿童这个客体本身的特点，而思维游戏训练课程就很好地解决了这一矛盾，让孩子在相对较长的一段时间里轻轻松松地就保持注意力的集中，从而使课程目标顺利完成，开拓孩子的思维，形成了良好的思维习惯。

　　本书共分七部分，从各个方面对创新思维进行启发性训练，这些精心挑选的具有针对性的思维游戏，会大大提升你思维的创新性，从而使你思路更宽阔，考虑问题更全面。

目 录
Contents

分析类创新能力训练

数字类创新能力训练

目 录

几何类创新能力训练

青少年最爱玩的创新力思维游戏

目 录

青少年最爱玩的创新力思维游戏

观察类创新能力训练

观察力是我们人类智力结构的重要组成部分，是一切科学发现和艺术创造的前提。创新能力的重要内容之一也是观察力的训练和提高。事实也证明了观察能力的提升可以大大促进其他创新能力的的发展和提高，因此，观察能力的训练是创新能力训练的重中之重，十分重要。

🔍 真假难辨

在下图中，到底哪些部分是真的，哪些是假的呢？

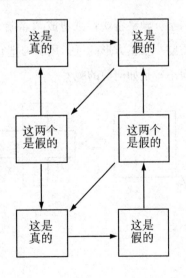

难度等级　★★☆☆☆

扑克牌找错

扑克牌是大家很熟悉的一种娱乐玩具，但你注意过每张牌牌面的排列顺序吗？下面几张牌都有明显的错误，找找看，错在哪？

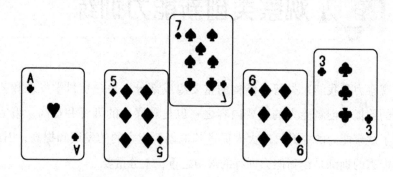

难度等级　★★☆☆☆

 巧妙剪纸

小玲有一双灵巧的手，她最喜欢将纸剪成"希腊十字架"。但她剪的十字架和别人不同，只需要一张正方形的纸，用剪刀把它剪成4块，就形成了一个希腊十字架。请问小玲是如何剪的呢？

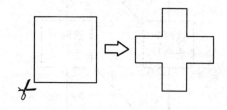

难度等级　★★★☆☆

判别表针

下面 4 个钟的时针和分针长短差不多，不仔细看可分辨不出来。你能看出哪根是分针，哪根是时针吗？

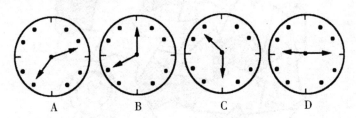

难度等级　★★☆☆☆

铺硬币

有一个大小的黑色圆面，现要在其上面摆放 1 元的硬币，使得黑色部分完全看不见。

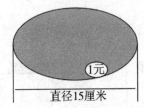

请你想想，要达到这一目标最少需叠摆多少层 1 元硬币呢？

难度等级　★★☆☆☆

堵冰缝

有 27 块浮冰，一只小蜜蜂正在冰缝处四处观望。

观察类创新能力训练

你知道哪块浮冰能正好堵住这个冰缝吗？

难度等级　★★☆☆☆

两个水壶

有两个水壶，它们的底面积和高度都相等。现从上方往壶中注水。

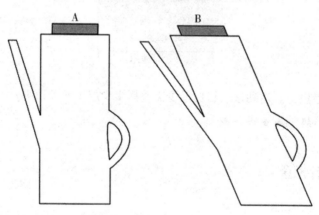

请问，哪个壶装的水更多？

难度等级　★★☆☆☆

猜猜背面

如图为一个立方体的三个不同角度的 3 张照片。

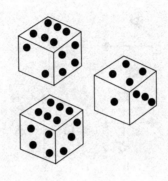

你能根据这几张照片，判断黑点数为 2 的背面有几个小黑点吗？

难度等级　★★☆☆☆

正方形的面积

一个边长为 5 厘米的正方形，它的内部还有一个正方形，如图。
你能快速说出中间那个正方形的面积吗？

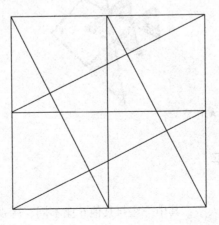

难度等级　★★☆☆☆

观察类创新能力训练

十字图形

仔细观察下图，想一想接下来该是哪个十字图形。

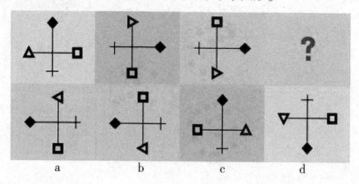

a b c d

难度等级 ★★☆☆☆

鱼形图案

你能数清如图所示的组鱼形图案中有多少个三角形吗？

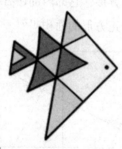

难度等级 ★★☆☆☆

黑白天平

下图中有7座天平，其中一座与其他6座不同，区别不在于形状，而在于黑砖、白砖的重量。

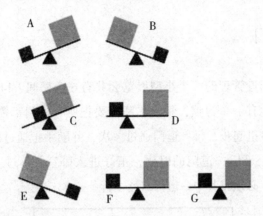

你能找出是哪座吗？

难度等级　★★☆☆☆

最后一点

如图所示，有17个点，如果将任意两点用一条比点粗的直线连接起来，最后应可让每一个点至少都能和另一点连接起来。可是据说有人这样做了，尽管把所有的点都连接起来了，但最后却剩下了一个点。

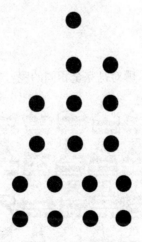

这种事情有可能出现吗？

难度等级　★★★☆☆

观察类创新能力训练

封门

汤姆叔叔新近管理的一个小型展览会共有6个房间、14道门，外围又有一条走廊。他有一个习惯，每晚临睡前要把所有的门都锁上。他喜欢这样做：从接待室里起步，每一道门通过一次，并随手把通过的那道门锁上。这样，当他锁上最后一道门的时候，正好进入卧室。不过，从图上看来，现在还办不到，必须将其中一道门封死才行。

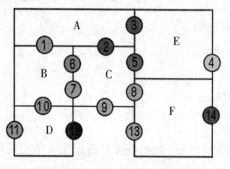

请问，汤姆叔叔的接待室是哪间？卧室又是哪间？该封死哪道门？

难度等级　★★★☆☆

找酒瓶

图中的24个酒瓶里，哪对是完全相同的呢？

难度等级　★★☆☆☆

旋转的圆圈

下图是一张视错觉图，它是巴黎一位著名艺术家受到视幻艺术的启发所创作的。如果你盯着这些同心圆看，你会看到什么？

难度等级　★★★☆☆

异样的立方体

图中 4 个立方体，有 3 个是完全一样的，另一个有点异样。你能把这个异样的立方体找出来吗？

①　　　　②　　　　③　　　　④

难度等级　★★☆☆☆

木头的体积

下图为木匠师傅要锯掉的一块木头。仔细观察它的构造。请问，这块

观察类创新能力训练

木头的体积是大于还是小于 1000 立方厘米？

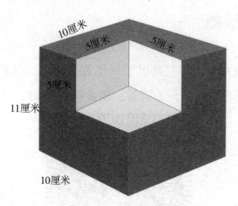

奇妙的形象

在如图所示的一系列图画中，每一幅图都包含两种不同的画面。你能将它们找出来吗？一定要集中注意力进行观察哦！

(1)

(2)

(3)

(4)

(5)

(6)

难度等级　★★☆☆☆

🔍 一笔画图

考古人员在希腊进行发掘工作时，一批奇异的古代遗迹重见天日。他们发现很多纪念碑的碑文上反复出现这个由圆和三角形组成的符号（见下图）。

这个图可以一笔画出，任何线条都不重复画过2次以上。你知道怎么画吗？不过，如果采取更为一般的，允许同一线条可以随意重复画过的画法，只是要求用尽可能少的转折一笔画出这个图形。你知道又该怎么画吗？

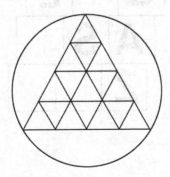

难度等级　★★★☆☆

🔍 一笔成图

下边的6幅图中，有些是能一笔画出来的，有些则不行。请判断哪些图是一笔画出来的。

注：不能重复已画过的路线。

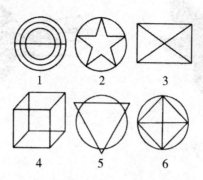

难度等级　★★☆☆☆

🔍 填写完整

如图的英文字母有其规则可言，请试将空格答案填写完整。

难度等级　★★☆☆☆

🔍 图形构成

A、B、C、D 4 个图形分别是由 1~4 中某几个图形组成的，请你说出
A、B、C、D 4 个图形分别是由哪几个图形组成的。

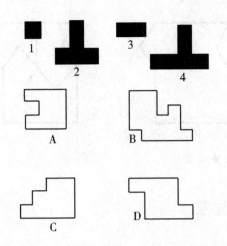

难度等级　★★☆☆☆

🔍 变形图案

图中的 4 个变形而来的图形中，哪个与原始图形相符？可忽视线条长度。

原始图形

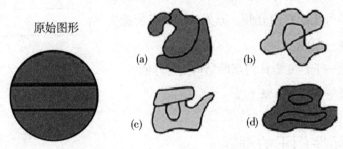

(a)　　(b)

(c)　　(d)

难度等级　★★★☆☆

🔍 分图陷阱

如果把图（a）分成大小相等、形状相同的 4 份，可以照图（b）的方法来分。如果要把图（a）分成大小相等、形状相同的 3 份，该怎么分呢？

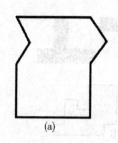
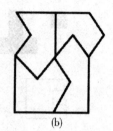

(a)　　　　　　　　　　(b)

难度等级　★★☆☆☆

 内部的秘密

　　仔细地观察右图。两块木头拼接成如图所示的一个立方体。立方体的周围四个侧面有两块木头的接缝。隐藏在后面的两个侧面上接缝的形状，同我们能看到的两个侧面上的完全一样。初看起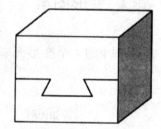来，我们根本不可能不损坏木头而把立方体拆分成原先的两块。但是当你了解了立方体内部的结构后，你就会知道这是容易做到的。事实上，如果我们不可能把它们分开，原先又怎么可能把它们拼接在一起呢？

　　设想一下，立方体内部的结构是怎样的？

难度等级　★★★☆☆

 所罗门王的难题

　　所罗门有一个漂亮的待嫁的女儿。周边许多国家的王子和侯爵都想迎娶这位美丽的公主。为了考验求婚者的智慧，所罗门王随手画了一个用许多的三角形组成的图案，要求求婚者数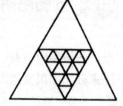这个图案里一共有多少三角形。数对的就可以迎娶公主。

　　你能数出图案上有多少个三角形吗？

难度等级　★★☆☆☆

联邦调查局的难题

    联邦调查局最近接到一份恐怖分子发来的密函（见下图）。联邦调查局的破译组织成员连夜对其进行解密，从古罗马文化联想到古巴比伦文化，再到古埃及的符号，用各种各样的方法和假设都没能解开谜底。一天，一位新来的助手得知此事后，随手拿起这份密函，希望能从中找出一点蛛丝马迹。果然，不到一分钟，新助手告诉大家这是一份类似于恶作剧的挑衅书，目的是转移联邦调查局的视线。

    你知道新来的助手发现了什么秘密吗？

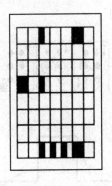

难度等级 ★★☆☆☆

观察类创新能力训练

答案及解析

真假难辨

如果你先假定左上方的那句是真的话，会得到一个结果；如果你假定它是假的话，会得到另外一个相反的结果，因此它们的真假是不能判断出来的。

扑克牌找错

错误之处用圆圈标出如下：

巧妙剪纸

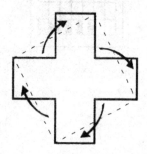

判别表针

A. 左下是时针，右上是分针；B. 左边是时针，上面是分针；C. 左上是时针，下面是分针；D. 左边是时针，右边是分针。

以答（1）题为例，分析如下：

假设右上是时针，那么从其所在位置看，其应是 2：20 左右，不超过 2：30，与此对应，分针应该在"20 分"处，而不是"37 分"。所以，假设不成立，右上应为分针，左下为时针。

同理可推出其他 3 个。

铺硬币

一层，如图所示。

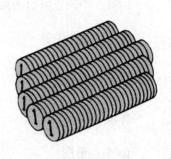

堵冰缝

第 27 块浮冰。

两个水壶

是 A。因为 B 装到一半时便会倾倒。

猜猜背面

应为 4 个小黑点。

正方形的面积

既然是用最快的速度，那就是要用简便的方法，所以我们就不要去一步一步地算了。从下面的图形我们可以看出，中间的正方形的四个边分别连接着 4 个不完整的正方形，那么我们就要想办法将这 4 个不完整的正方形补齐。

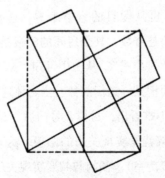

首先我们先看一看多余的那几块三角形，原来，它们正好能补齐这 4 个不完整的正方形，如图，那么，现在问题就很容易解决了！

观察类创新能力训练

因此，中间正方形的面积是原来图形面积的 1/5，也就是 5 平方厘米。

十字图形

答案为选项 d。

鱼形图案

10 个三角形。

黑白天平

F。根据 6 座天平所示的重量判断，应该是黑砖比白砖重，而 F 图画的黑砖和白砖重量相等，因而是错误的。

最后一点

有可能。如图那样画直线，就剩下"点"这个汉字了。解答这个问题需要一瞬间闪现出来的灵感。如果觉察到 17 个点的位置的重要性，就能找到解决问题的线索了。

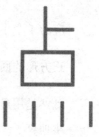

封　门

从图中可见，在这 6 个房间中，每个房间至少有 3 道门。这说明每个房间他至少要经过两次。再从题目的意思来看，这 6 个房间中，只有两间（接待室和卧室）的门数是奇数，其余间的门数是偶数，方能实现由接待室"出进出"，至卧室"进出进"。从图中可知，A、D、E、F 4 个房门各有 3 道门。因此，我们必须把某一道门封掉，当封掉这道门后，使具有奇数道门的房间只剩下两个。不难看出，封掉 3 号门后，只有 D、F 两个房间是奇数道门，于是，汤姆叔叔就能实现关门的愿望。这时 D 和 F 分别是接待室（或卧室）和卧室（或接待室）。汤姆叔叔要实现关门愿望的路线有很多种，这里仅画出一种（以 D 为接待室），如图。

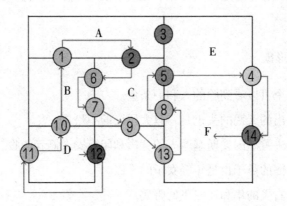

找酒瓶

第三行最后一个与第四行左数第二个。

旋转的圆圈

你会看到这些圆圈都在高速旋转。

异样的立方体

注意每个立方体中3个黑点的走向，如图。第一、第二和第三个立方体的3个黑点的走向都如图A所示，只有第四个立方体的3个黑点的走向如图B所示。因此，异样的立方体是第四个（图C）。

A   B   C

木头的体积

可以说大于，也可以说小于。因为从图上看，棱长为5厘米的这一块不知是凹还是凸。多数人可能会按凹来计算，得到的答案是小于1000立方厘米。但不能断定这就是正确答案。当你仔细看时，又会发现这部分是突出来的。

奇妙的形象

（1）一个可以看到脸的人和一条鱼。

（2）突出的天鹅的头也是一只大尾巴的小松鼠。

（3）走进雪屋的爱斯基摩人的背影和印第安人侧着的脸。

（4）巫婆的鼻子也是年轻女子的下巴。

（5）往右飞的隼和往左飞的野鹅。

（6）兔子的耳朵也是鸭嘴。

一笔画图

这个图可以经过 13 个转折一笔画成：

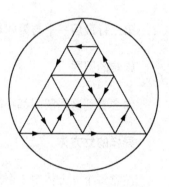

一笔成图

1，2，3 可以一笔画到底；4，5，6 则无法一笔画成。

填写完整

善于观察的人，便会发现这是计算机键盘最左边的字母排列顺序，尽管答案显而易见，但却往往被人们忽略。

图形构成

A. 1、2、3；B. 2、3、4；C. 1、3、4；D. 1、2、4。

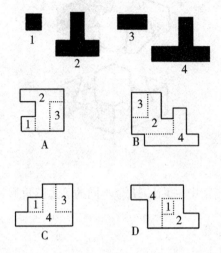

变形图案

答案为选项（a）。

分图陷阱

如图所示。

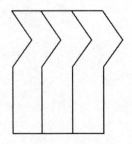

内部的秘密

初看这道题时，你极可能想当然地假设，这个立方体的底下部分的两道槽是互相垂直的。如果是这样的话，这两部分根本就不可能拼在一起，当然也就谈不上把它们分开了。但如图所示，这两道槽事实上对于立方体

观察类创新能力训练

底平面来说成对角线走向，并且互相平行。这种内部结构使得立方体的两部分很容易拆分开来，并重新拼在一起。

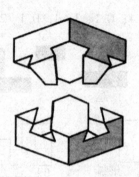

所罗门的难题

所罗门王画的图案中一共有 31 个不同的等边三角形。

联邦调查局的难题

这位新来的助手将这份密函水平端起来，变换角度，斜斜地看着图形，发现了"HELLO"的字样。

推理类创新能力训练

推理能力是逻辑思维的具体表现形式，是我们认识世界的基本工具之一。福尔摩斯说："一个逻辑学家不需要看到或者听说过大西洋或尼亚加拉瀑布，他就能从一滴水推测出它们存在的可能。"个人的精力是有限的，知识面也是有限的，举一反三的推理能力会让我们节省大量的时间，知道更多的知识。

爱因斯坦的谜题

这是爱因斯坦在 20 世纪初出的谜题，据说当时世界上有 98% 的人答不出来。

（1）在一条街上，有 5 座房子，喷了 5 种颜色。

（2）每座房子里住着不同国籍的人。

（3）每个人喝不同的饮料，抽不同品牌的香烟，养不同的宠物。

提示：

（1）英国人住红色房子。

（2）瑞典人养狗。

（3）丹麦人喝茶。

（4）绿色房子在白色房子左面隔壁。

（5）绿色房子主人喝咖啡。

（6）抽 Pall Mall 香烟的人养鸟。

（7）黄色房子主人抽 Dunhill 香烟。

（8）住在中间房子的人喝牛奶。

（9）挪威人住第一间房。

（10）抽 Blends 香烟的人住在养猫的人隔壁。

（11）养马的人住抽 Dunhill 香烟的人隔壁。

（12）抽 Blue Master 的人喝啤酒。

（13）德国人抽 Prince 香烟。

（14）挪威人住蓝色房子隔壁。

（15）抽 Blends 香烟的人有一个喝水的邻居。

问题是：谁养鱼？

难度等级　★★★☆☆

乌龟赛跑

有甲、乙、丙、丁 4 只乌龟，它们在本周进行了惯常赛跑。上一次比赛没有出现两只乌龟"并列第一"的情况，这次也一样。而且，上回的第一名不是丙乌龟。

4 只乌龟所言如下，在上次比赛中名次下降的乌龟撒谎了，名次没有下降的乌龟说了实话。

不巧的是它们的对话被兔子听到了。根据兔子的叙述，推测一下 4 只乌龟在上次和这次比赛中分别是第几名。

甲："乙上次是第二名。"

乙："丙这次是第二名。"

丙："丁这次比上次位置上升了。"

丁："甲这次名次上升了。"

难度等级　★★☆☆☆

🔍 谁是老实人

在老王、老张、老李、老林和老刘这 5 个同事当中，有 2 个是绝对不说谎的老实人，但是另外 3 个人是骗子，所说的话里一定有谎话。下面是他们5 个人所说的话：

老王：老张是个骗子。

老张：老李是个骗子。

老李：老刘是个骗子。

老林：老王和老张他俩都是骗子。

老刘：老王和老林，人家两个可都是老实人。

请你根据他们所说的这些话，找出哪两个人是真正的老实人。

难度等级　★★☆☆☆

🔍 谁是亲兄弟

一个楼里住着 4 户人家，每家各有 2 个男孩。这 4 对亲兄弟中，哥哥分别是甲、乙、丙、丁，弟弟是 A、B、C、D。一次，有个人问："你们究竟谁和谁是亲兄弟呀？"乙说："丙的弟弟是 D。"丙说："丁的弟弟不是 C。"甲说："乙的弟弟不是 A。"丁说："他们 3 个人中，只有 D 的哥哥说了实话。"丁的话是可信的，那人想了好半天也没有把他们区分出来。你能区分出来吗？

难度等级　★★★☆☆

🔍 买的什么文具

小东、小明和小强三人去商店买文具，他们每人买的不是铅笔就是笔记本。已知下列情况：

(1) 如果小东买的是铅笔，那么小明买的就是笔记本。

（2）小东或小强买的是铅笔，但是不会两人都买铅笔。

（3）小明和小强不会两人都买笔记本。

你知道谁昨天买的是铅笔，今天买的是笔记本？

难度等级　★★☆☆☆

谁和谁是一家

有4个男孩（明明、飞飞、可可、丁丁），分别是2对兄弟：明明和飞飞是兄弟，可可和丁丁是兄弟。他们4个人说了如下的话，如果是兄弟的话都是真实的，如果不是兄弟的话都是假的。

跑步的男孩说："拿着长笛的男孩是可可。"

拿着长笛的男孩说："溜冰的男孩是丁丁。"

溜冰的男孩说："拿着书的男孩是明明。"

拿着书的男孩说："拿着长笛的男孩不是丁丁。"根据以上对话，说出这几个男孩分别是谁，谁和谁是一家。

难度等级　★★☆☆☆

谁送的礼品

有5个嗜酒如命的人，他们的绰号分别是"威士忌"、"鸡尾酒"、"茅台"、"伏特加"和"白兰地"。某年圣诞节，他们之中的每一个人，都向其他四个人中的某一个人赠送了一瓶酒；没有两个人赠送的是相同的礼品；每一件礼品，都是他们中某个人的绰号所表示的酒；没有人赠送或收到的礼品是他自己的绰号所表示的酒。"茅台"先生送给"白兰地"先生的是鸡尾酒；收到白兰地的先生把威士忌送给了"茅台"先生；其绰号和"鸡尾酒"先生所送的礼品名称相同的先生把自己的礼品送给了"威士忌"先生。"鸡尾酒"先生所收到的礼品是谁送的？

难度等级　★★☆☆☆

🔍 汽车是谁的

凯特、丽萨和玛丽每人都拥有3辆车：一辆双门、一辆四门、一辆五门。每个人也都分别有一辆别克、一辆现代、一辆奥迪牌汽车。但是，同一品牌的汽车的门的数量却各不相同：凯特的别克汽车的门的数量与丽萨的现代汽车的门的数量一样；玛丽的别克汽车的门的数量与凯特的现代汽车的门的数量一样；凯特的奥迪汽车为双门，而丽萨的奥迪汽车则有四门。

请问：（1）谁拥有一辆双门的别克汽车？

（2）谁拥有一辆四门的别克汽车？

（3）谁拥有一辆五门的别克汽车？

（4）谁拥有一辆五门的现代汽车？

（5）谁拥有一辆五门的奥迪汽车？

难度等级　★★☆☆☆

🔍 谁被隔离

某传染病流行时期，一个玩具生产厂中所有与该病患者接触过的人都被隔离了，所有被隔离的人都与小张接触过。

如果上述命题是真的，那么，以下哪项命题也是真的？

A. 小张是该病患者。

B. 小张不是该病患者。

C. 可能有人没有接触过该病患者，但接触过小张。

D. 所有的该病患者都与小张接触过。

E. 所有与小张接触过的人都被隔离了。

难度等级　★★☆☆☆

推理类创新能力训练

究竟谁受了伤

卡姆、戈丹、安丁、马扬和兰君都非常喜欢骑马。一天，他们五个人结伴到马场骑马。不幸的是，他们当中的一个人因为所骑的马受了惊吓并狂奔起来而受伤。

请你认真分析如下 A～E 各项所说的情况，判断一下：受伤的究竟是谁？

A. 卡姆是单身汉。

B. 受伤者的妻子是马扬妻子的妹妹。

C. 兰君的女儿前几天生病住院了。

D. 戈丹亲眼目睹了整个事故发生的经过，决定以后再也不骑马了。

E. 马扬的妻子没有外甥女，也没有侄女。

难度等级　★★☆☆☆

 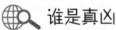 ## 谁是真凶

一场混乱的枪战之后，某医生的诊所里冲进一个陌生人。他对医生说："我刚穿过大街时突然听到枪声，只见两个警察在追一个逃犯，我也加入了追捕。但是在你诊所后面的那条死巷里遭到那个家伙的伏击，两名警察被打死，我也受伤了。"医生从他背部取出十粒弹头，并把自己的衬衫给他换上，然后又将他的右臂用绷带吊在胸前。

这时，警长和地方议员跑了进来。议员喊："就是他！"警长拔枪对准了陌生人。陌生人忙说："我是帮你们追捕逃犯的。"议员说："你背部中弹，说明你是逃犯！"

在一旁目睹一切的约翰探长对警长说："这个伤号不是真凶！"

约翰探长为什么这么肯定呢？

难度等级　★★★☆☆

🔍 谁在说谎

甲、乙、丙、丁、戊5个人当中。有2个人是从来不说谎的老实人，但是另外3个人总是爱说谎。

下面是他们所说的话：

甲："乙是骗子。"

乙："丙是骗子。"

丙："戊是骗子。"

丁："甲和乙都是骗子。"

戊："甲和丁都是老实人。"

根据以上的对话，请找出老实人是哪两位？

难度等级　★★☆☆☆

🔍 一定在左边吗

你能分得清左和右吗？你可能觉得这么问有些多余，但有些时候人们不太能够分得清楚左和右的。比如说下面的这种情况：

小娟的左边是小娜；

小娜的左边是小美；

小美的左边是小芳；

小芳的左边是小莲。

那么，小芳是不是一定在小娟的左边呢？

难度等级　★★☆☆☆

🔍 谁是冠军

去年夏天，兄弟3人分别参加了三项体育竞赛，即体操、撑竿跳和马拉松。

已知的情况是：老大没去参加马拉松比赛；老三没有参加体操比赛项目；在体操比赛中获得全能冠军称号的那个孩子，没有撑竿跳；马拉松冠军并非老三。

根据上面的情况推理出谁是体操全能冠军。

难度等级　★★☆☆☆

谁是幸运者

学校来了 A、B、C、D、E 5 位应聘舞蹈老师的女士。她们当中有 2 位年龄超过 30 岁，另外 3 位小于 30 岁。而且有 2 位女士曾经是老师，其他的 3 位是秘书。现在只知道 A 和 C 属于相同的年龄档，而 D 和 E 属于不同的年龄档。B 和 E 的职业相同，C 和 D 的职业不同。但是校长只想挑选一位年龄大于 30 岁的老师任舞蹈老师。

那谁是这个幸运者呢？

难度等级　★★☆☆☆

谁是谁的新娘

大林、二林和小林三兄弟家的隔壁住了春红、夏红、秋红三姐妹。他们彼此都有喜欢的对象，三对恋人决定一起结婚。但他们非常害羞，在说自己的新娘、新郎的时候都故意讲错。

（1）大林："我要跟春红结婚。"

（2）春红："我要跟小林结婚。"

（3）小林："我要跟秋红结婚。"

请猜猜谁是谁的新娘。

难度等级　★★☆☆☆

谁是智者

甲、乙、丙 3 个人中，其中一个是智者。他们一起参加了语文和数学两门考试。

甲说：如果我不是智者，我将不能通过语文考试；如果我是智者，我将能通过数学考试。

乙说：如果我不是智者，我将不能通过数学考试；如果我是智者，我将能通过语文考试。

丙说：如果我不是智者，我将不能通过语文考试；如果我是智者，我将能通过语文考试。

考试结束后，证明这 3 个人说的都是真话，并且智者是 3 人中唯一一个通过这两门科目中某门考试的人，也是 3 个人中唯一的一个没有通过另一门考试的人。

你知道这 3 个人中，谁是智者吗？

难度等级　★★☆☆☆

谁是小偷

雷米警长正在盘问一宗盗窃案的 5 个嫌疑犯，他们当中只有 3 个人说的是真话。根据他们的说辞，你能猜出谁是小偷吗？

A：D 是小偷。

B：我是无辜的。

C：E 不是小偷。

D：A 说的全是谎话。

E：B 说的全是真话。

难度等级　★★☆☆☆

推理类创新能力训练

谁姓什么

大明、二明、三明、四明的姓各自是"张"、"王"、"李"和"赵"。

(1) 大明的姓是"王"或"李"的其中一个。

(2) 二明的姓是"张"或"王"的其中一个。

(3) 三明的姓是"张"或"李"的其中一个。

(4) 姓"王"的人，是大明或四明的其中一个。

猜猜看这 4 个人的姓名。当然，4 个人的姓都不一样。

难度等级　★★☆☆☆

 ## 谁大谁小

小强与小田是两兄弟，有天被一个路人问到谁的年龄比较大。

小强说："我的年龄比较大。"

小田说："我的年龄比较小。"

他们两个也不是双胞胎，而且他们之中至少有一个人在说谎。

请问：谁的年龄比较大？

难度等级　★★☆☆☆

谁害了富翁

一个富翁在寓所遇害，4 个嫌疑人受到警方传讯。警方有充足的证据证明，在富翁死亡当天，这 4 个人都单独去过一次富翁的寓所。

在传讯前，这 4 个人共同商定，每人向警方做的供词条条都是谎言。这几个人所做的供词是：

约翰：我们 4 个人谁也没有杀害富翁。我离开富翁寓所的时候，他还活着。

罗伯特：我是第二个去富翁寓所的。我到达他寓所的时候，他已经死了。

丹尼：我是第三个去富翁寓所的。我离开他寓所的时候，他还活着。

默里森：凶手不是在我去富翁寓所之后离开的。我到达富翁寓所的时候，他已经死了。

你知道这4个人中谁杀害了富翁吗？

难度等级　★★☆☆☆

谁是凶手

一个酷热的晚上，发生了一宗凶杀案。

一个中学的男教师，被人发现倒毙在家中的地上，上身赤裸。

警方经过调查，发现死者是被人勒死的。根据现场侦查，警方很快就拘捕了两个嫌疑人。

第一个是死者的弟弟，他是个游手好闲的流氓，染上毒瘾，经常向他的哥哥索钱，两兄弟也发生过争吵。

第二个是个被开除学生的家长，他为人粗暴，脾气很差，他因儿子被开除而大发脾气，怀恨在心。

根据死者现场的环境，警方估计案情大概是，死者在住所的窗前，看到来找他的人，于是开门，结果，却遭袭击身亡。你认为哪个人才是凶手呢？

难度等级　★★☆☆☆

钥匙在哪里

空空是个马大哈，钥匙经常找不着。这天姐姐想故意刁难他一下，就把钥匙放在书桌的抽屉里，并在三个抽屉上各贴了一张纸条。

（1）左面抽屉的纸条上写着：钥匙在这里。

（2）中间抽屉的纸条上写着：钥匙不在这里。

（3）右面抽屉的纸条上写着：钥匙不在左右抽屉里。

姐姐说："三张纸条只有一句是真话，两句是假话。你能只打开一个抽屉就取出钥匙吗？"

空空想了想，根据判断打开一个抽屉，钥匙果真就在那里。

请你想想看，钥匙到底在哪一个抽屉里？

难度等级　★★☆☆☆

他是不是罪犯

某超级市场失窃，大量的商品在夜间被罪犯用汽车运走。三个嫌疑犯被警察局传讯。警察局已经掌握了以下事实：

（1）罪犯不在 A、B、C 三人之外；　（2）C 作案时总得有 A 做从犯；

（3）B 不会开车。

A 是否卷入了此案？

难度等级：★★☆☆☆

哪句话是真话

桌子上有 4 个杯子，每个杯子上都写着一句话：

第一个杯子：所有的杯子中都有水果糖。

第二个杯子：本杯中有苹果。

第三个杯子：本杯中没有巧克力。

第四个杯子：有些杯子中没有水果糖。

如果其中只有一句是真话，那么，以下各项中的哪一项为真话？

A. 所有的杯子中都有水果糖。

B. 所有的杯子中都没有水果糖。

C. 所有的杯子中都没有苹果。

D. 第三个杯子中有巧克力。

难度等级　★★★☆☆

🔍 我该穿什么衣服

关于星期六下午观看棒球比赛时的穿戴，学校的男生宿舍楼前贴了一张《穿戴规定》：

（1）16 岁以上的男生才能穿燕尾服。

（2）15 岁以下的男生不准戴大礼帽。

（3）星期六下午观看棒球比赛的男生必须戴大礼帽或穿燕尾服，或者既戴大礼帽又穿燕尾服。

（4）带伴侣前来的或 16 岁以上的男生，或 16 岁以上的带伴侣前来的男生，不准穿毛衣。

（5）男生们一定不可以不看球赛和不穿毛衣，或者既不看球赛也不穿毛衣。

那么，星期六下午观看棒球比赛的男生们究竟该如何穿戴呢？

难度等级　★★☆☆☆

🔍 玛瑙戒指

有 4 个女子，其中有 1 人是爱撒谎的女子，她常常撒谎，其他 3 人是单纯的女子，从不撒谎。她们每个人都戴着一个戒指，其中的一个戒指是玛瑙戒指，戴着它的人，无论是单纯的女子还是爱撒谎的女子，都会说谎。而且，她们互相都知道谁是爱撒谎的女子，谁是戴着玛瑙戒指的女子。

根据以下对话，请推断到底谁是爱撒谎的女子，谁戴着玛瑙戒指。

拉拉说："我的戒指不是玛瑙戒指。"

奇奇说："天天是爱撒谎的女子。"

天天说："戴着玛瑙戒指的是兜兜。"

兜兜说："天天不是爱撒谎的女子。"

难度等级　★★☆☆☆

 ### 古希腊的传说

这是一个流传在古希腊的传说。有一个美丽的公主在河边洗澡，当她洗完后发现放在岸边的衣服被人偷了。关于这件事，受害者、旁观者、目击者和救助者各有说法。她们的说法如果是关于被害者的就是假的，如果是关于其他人的就是真的。请你根据她们的说法判定她们各自的身份。

玛丽说："瑞利不是旁观者。"

瑞利说："劳尔不是目击者。"

露西说："玛丽不是救助者。"

劳尔说："瑞利不是目击者。"

难度等级　★★☆☆☆

猜名字

老师在手上用圆珠笔写了 A、B、C、D 四个人中的一个人的名字，她握紧手，对他们四人说："你们猜猜我手中写了谁的名字？"

A 说：是 C 的名字。

B 说：不是我的名字。

C 说：不是我的名字。

D 说：是 A 的名字。

四人猜完后，老师说："你们四人中只有一人猜对了，其他三人都猜错了。"四人听了后，都很快猜出老师手中写的是谁的名字了。你知道老师手中写的是谁的名字吗？

难度等级　★★☆☆☆

兄弟姐妹

有这样一个家庭，其成员只有甲、乙、丙、丁、戊、己、庚兄弟姐妹7人。在这7人中，只知道：

①甲有3个妹妹；

②乙有1个哥哥；

③丙是女的，她有2个妹妹；

④丁有2个弟弟；

⑤戊有2个姐姐；

⑥己是女的，她和庚都没有妹妹。试问，你能根据以上这些条件判断出这个家庭中有几男几女，谁是男、谁是女吗？

难度等级　★★★☆☆

寻找果汁

有4个瓶子分别装有白酒、啤酒、可乐、果汁，但是在装有果汁的瓶子上的标签是假的，其他的瓶子上的标签是真的。每个瓶子里分别装的是什么东西呢？

甲瓶子上的标签是："乙瓶子里装的是白酒。"乙瓶子的标签是："丙瓶子里装的不是白酒。"丙瓶子的标签是："丁瓶子里装的全是可乐。"丁瓶子的标签是："这个标签是最后贴上的。"

难度等级　★★☆☆☆

野炊分工

兄弟四人去野炊，他们一个在烧水，一个在洗菜，一个在淘米，一个在担水。现在知道：老大不担水也不淘米；老二不洗菜也不担水；如果老大不洗菜，那么老四就不担水；老三既不担水也不淘米。

你知道他们各自在做什么吗？

难度等级：★★☆☆☆

猜职务

甲、乙、丙是同班同学，其中一个是班长，一个是学习委员，一个是小组组长。现在可以知道：丙比组长年龄大，学习委员比乙年龄小，甲和学习委员不同岁。你知道他们3个人分别担任什么职务吗？

难度等级 ★★☆☆☆

排 队

汤姆、沃克、杰尼、鲍勃、芬尼和杰克去买世界杯的球票，来得太早了，正等售票窗口打开，杰克的一个朋友打电话来问杰克买到球票没有，杰克说："还没有呢，应该快开门了。"杰克的朋友说："你排第几啊？别忘了帮我买票。"

杰克说："我不是最后一个，而且芬尼也不是最后一个。"

"那你到底是排在第几？"

杰克说："我看看。汤姆的前面至少有4个人，但他也没有排在最后；鲍勃不是第一个，他前后至少都有2个人；杰尼没有排在最前面，也没有排在最后面。"

你知道他们排队的顺序吗？

难度等级 ★★☆☆☆

分辨矿石

老师让同学辨认一块矿石。甲同学说："这不是铁，也不是铜。"乙同学说:"这不是铁而是锡。"丙同学说:"这不是锡而是铁。"老师最后说:"你们之中,有一人两个判断都对,另一个人的两个判断都错,还有一人的判断一对一错。"看看你的判断,这块矿石到底是什么?

难度等级　★★☆☆☆

凶手的谎言

侦探小说作家 A 先生,有一天晚上在家里写小说时,被人用棒球的球棒从背后击毙。书桌上的一盏台灯亮着,窗户紧闭。

报案的是住在对面公寓里的张某。他向赶到现场的警方所做的说明是这样的:"当我从房间向外看时,无意间发现 A 先生书房的窗口有个影子高举着木棍,我感觉不妙,所以赶紧给你们打电话。"

但聪明的刑警听了以后却说:"你说谎!你就是凶手!"说罢便将张某逮捕归案。

张某说谎的证据在哪里?

难度等级　★★☆☆☆

奇怪的中毒事件

一天早晨,某集团的董事长死在自己的车库里。死因是氰化钾中毒,是在准备出车库时,吸入剧毒气体致死的。

可是,案发那天,周围既无人接近过车库,现场也未发现有任何可能产生氰化钾的药品和容器。那么,罪犯究竟是用了什么手段将富翁毒死呢的?

调查这一案件的侦探发现,汽车的一个轮胎已爆胎,被压得扁扁的,他马上就识破了作案手段。你知道凶手是如何作案的吗?

难度等级　★★☆☆☆

没有这个门牌

某公司老板的儿子被绑架，对方要求拿 10 万美元来交换。绑匪在电话中说："你把钱包好，用普通邮件在明天上午寄出，我的地址是……"

老板马上报了案。为了不打草惊蛇，警察化装来到罪犯所说的地址。可奇怪的是，这儿有地区名、街名，却没有罪犯说的门牌和收件人。

警察经过研究，马上确定了嫌疑犯，并很快找到证据，将其抓获，救出了人质。

这个绑匪是什么人呢？

难度等级　★★★☆☆

年龄的秘密

A、B、C 三人的年龄一直是一个秘密。将 A 的年龄数字的位置对调一下，就是 B 的年龄；C 的年龄的 2 倍是 A 与 B 两个年龄的差数；而 B 的年龄是 C 的 10 倍。

请问：A、B、C 三人的年龄各是多少？

难度等级　★★☆☆☆

煤矿事故

某煤矿发生了一起事故。现场的矿工议论纷纷：

矿工甲："发生事故的原因是设备问题。"

矿工乙："发生事故的原因不是设备问题，是有人违反了操作规范。"

矿工丙："如果发生事故的原因是设备问题，则有人违反了操作规范。"

矿工丁："发生事故的原因是设备问题，并没有人违反操作规范。"

如果以上四人中只有一个人的话为真，则以下哪项可能为真？

A. 矿工甲的断定为真。

B. 矿工乙的断定为真。

C. 矿工丙的断定为真，有人违反了操作规范。

D. 矿工丁的断定为真，没有人违反操作规范。

难度等级　★★★☆☆

奥林匹克圆环

下面的图是奥林匹克圆环标志，可是这五色圆环的位置弄混了。我们只能确定：

（1）每个圆环的位置都错了。

（2）圆环的连接都不对。（例如：黄色的圆环就不能和红色或绿色的圆环相接）

（3）黑色圆环在上排某个位置。

根据上面三个信息，你是否能推论出正确的奥林匹克标志呢？

难度等级　★★☆☆☆

猫的谎言

有3只猫（白猫、黑猫、花猫）在美丽的小溪中捉鱼，它们每个都捉到了1～3条鱼不等，即它们可能各捉到1条，也可能各捉到不同数量的鱼。回来的路上，3只猫说了下面的话，说的是关于比自己捉鱼多的一方的话就是假的，此外的话都是真的。

白猫："黑猫捉到2条鱼。"

黑猫："花猫捉到的不是2条鱼。"

花猫："白猫捉到的不是 1 条鱼。"

请问：它们各自捉了多少条鱼？

难度等级　★★☆☆☆

兔子的谎言

有 4 只兔子，年龄从 1 岁到 4 岁各不相同。它们中有 2 只说话了，无论谁说话，如果说的是关于比它大的兔子的话都是假话，说比它小的话都是真话。兔子甲说："兔子乙 3 岁。"兔子丙说："兔子甲不是 1 岁。"

你能知道这 4 只兔子分别是几岁吗？

难度等级　★★★☆☆

发卡的颜色

老师拿来 3 个红发卡和 2 个紫发卡，他让三位女孩站成一个三角形，叫她们闭上眼，然后分别给她们各戴上一个红发卡，将两个紫发卡藏起。然后老师说，可以睁开眼了。这时，丙可以看到甲、乙头上的发卡，乙可以看到甲、丙头上的发卡，甲也可以看到乙、丙头上的发卡。

那么，三人能否推断出自己头上戴的发卡的颜色？

难度等级　★★☆☆☆

三张扑克牌

桌子上有三张扑克牌，排成一行。现在，我们已经知道：

1. K 右边的两张牌中至少有一张是 A。

2. A 左边的两张牌中也有一张是 A。

3. 方块左边的两张牌中至少有一张是红桃。

4. 红桃右边的两张牌中也有一张是红桃。

问：这三张是什么牌？

难度等级　★★☆☆☆

🔍 帽子颜色

在一个生日派对上，准备了 3 顶蓝帽子和 2 顶红帽子。在前面扮演小丑的大毛、二毛、三毛排成一列站着。大毛后面站着二毛，二毛后面站着三毛。

他们三人头上各戴上一顶帽子，剩下的帽子被藏了起来。他们可以看到前面的人帽子的颜色，但看不到自己的。"三毛，你的帽子是什么颜色？""不知道。""二毛呢？""我也不知道。"

这时候。谁的帽子都看不到的大毛却说："啊！我知道了。"

请问：大毛的帽子是什么颜色？

难度等级　★★☆☆☆

🔍 蔬菜拼盘

晚上，小明的妈妈准备了一个蔬菜拼盘，里面有甘蓝、菠菜、绿芥蓝和莴苣。已知甘蓝的营养高于菠菜的营养，绿芥蓝的营养高于莴苣的营养。

小明的妈妈给了王明以下四个假设选项，并问小明："哪个假设选项不能推导出'甘蓝的营养高于莴苣'？"

你能帮小明找出答案吗？

A. 甘蓝的营养等同于绿芥蓝的营养。

B. 菠菜的营养等同于莴苣的营养。

C. 菠菜的营养高于绿芥蓝的营养。

D. 绿芥蓝的营养高于菠菜的营养。

难度等级　★★☆☆☆

推理类创新能力训练

乱配鸳鸯

春暖花开，三位男青年 A、B、C 在五一节这天即将与三位少女甲、乙、丙结婚。有个好事的人前去向他们探听各人的配偶。

A 说："我要娶的是甲姑娘。"

再去问甲，甲姑娘却说她将嫁给 C。

去问 C，C 回答说他是与丙姑娘结婚。问者一时被搞得莫名其妙，直到他们六个人举行婚礼时才弄清楚了真相。原来 A、甲、C 三人说的都不是真话。

难度等级 ★★☆☆☆

超市盗窃案

一天，某超市的监控器坏了，但仍在正常营业，店长在巡视的时候发现一个台灯被偷了。警方经过缜密的调查，认为甲、乙和丙是怀疑对象。3 个人在不同的时间分别受到警方的传讯，3 个人各作了一条供词。具体如下：

（1）甲没有偷东西。

（2）乙说的是真话。

（3）丙在撒谎。

供词（1）是最先讲的，供词（2）（3）不一定是按讲话的时间先后顺序的，但它们都是针对在其前面所作的供词的。目前只知道，他们每个人作的一条供词，都是针对另一个怀疑对象，而且盗窃者就是他们其中的一个，他作了伪证。

请问：这 3 个人当中谁是盗窃者？

难度等级 ★★★☆☆

失窃的公文包

威廉是全球巨轮"伊丽莎白"号的主人。这一天,他邀请业界的好友齐聚"伊丽莎白"号远航日本。正当他们玩得高兴时,威廉的一位好友大叫,称他那装有机密文件的公文包丢失了。威廉立刻把船上的5名船员叫了过来一一询问。船长说,刚才他在驾驶舱里一直没走开过,有录像带可以作证;技师说他一直在机械舱保养发动机,好让发动机能一直保持一定的速度,可是没人可以证明;电力工程师告诉威廉,他刚才在顶层甲板更换日本国旗,挂上去以后发现挂倒了,于是重新挂了一次,有国旗可以作证;还有两名船员说他们在休息舱打牌,互相可以作证。

威廉听完,立刻指出了其中一个人在说谎,并且让他交出公文包。

你知道谁在说谎吗?

难度等级 ★★☆☆☆

走错房间的人

夏威夷是一个美丽的地方,每年来这里度假旅游的人络绎不绝。

多里警长今年也来这里度假,他住在海边一家四层楼的宾馆里。这家宾馆三、四两层全是单人间,他住在4N房。

这天,游玩了一天的多里草草吃了晚餐便回到房间,想洗个热水澡,早点休息。正当他走进浴室准备放水时,听到了两声"笃笃"的敲门声,多里以为是敲别人的房门,没有理会。一会儿一位陌生的小伙子推开房门,悄悄走了进来。原来多里的房门没有锁好。

小伙子看到多里后有些惊慌,但很快反应过来,彬彬有礼地说:"对不起!我走错房间了,我住304。"说着他摊开手中的钥匙让多里看,以证明他没有说谎。多里笑了笑说:"没关系,这是常有的事儿。"

小伙子走后,多里马上给宾馆保安部打电话:"请立即搜查304房的客人，他正在四楼作案。"保安人员迅速赶到四楼，抓到了正在行窃的那个小伙子，并从他身上和房间里搜出了首饰、皮包、证件、大笔现钞和他自己配制的钥匙。

保安人员不解地问多里："警长先生，你怎么知道他是窃贼呢？"

你知道这是怎么回事吗？

难度等级　★★☆☆☆

卡洛尔的难题

英国剑桥大学数学讲师卡洛尔曾出了下面这道题目来测验他的学生的逻辑思维能力。题目是这样：

（1）教室里标有日期的信都是用粉色纸写的。

（2）丽萨写的信都是以"亲爱的"开头的。

（3）除了约翰外没有人用黑墨水写信。

（4）皮特没有收藏他可以看到的信。

（5）只有一页信纸的信中，都标明了日期。

（6）未作标记的信都是用黑墨水写的。

（7）用粉色纸写的信都收藏起来了。

（8）一页以上的信纸的信中，没有一封是做标记的。

（9）约翰没有写一封以"亲爱的"开头的信。

根据以上信息，判断皮特是否可以看到丽萨写的信。

难度等级　★★☆☆☆

奇怪的科学家

一位科学家来到一个小镇，他发现镇上只有两位理发师，每人各有自己的理发店。科学家需要理发，于是他先察看了一家理发店，一眼就看出它非常脏，理发师本人衣着不整，而且头发凌乱。再看另一家理发店，店面崭新，理发师的胡子刚刮过，而且头发修剪得非常好。科学家稍作思考，便返回了第一家理发店。你猜这是为什么呢？

难度等级　★★☆☆☆

愚昧的贵妇

从前，一位贵妇的脖子上戴着一条特别大的钻石项链。项链的坠饰上镶有 25 颗呈十字形排列的钻石。拥有这件无价之宝的贵妇，平日最喜欢清点十字架上的钻石，无论她是从上往下数，还是从左往上数或者从右向上数，答案都是 13。

但是贵妇人的三种数法，无意间被工匠师知道了。当她拿着被工匠师修好的坠饰，现场清点完钻石回家后，工匠师正开心看着手里从坠饰上取下的钻石。请问，工匠师在哪个地方暗中动了手脚呢？

难度等级　★★★☆☆

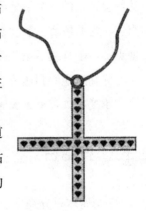

仙女和仙桃

4 个仙女手中拿着仙桃，每个人的数量不同，4 个到 7 个之间。然后，4 个人都吃掉了 1 个或 2 个仙桃，结果剩下的每个人拥有的仙桃数量还是各不相同。

4 人吃过仙桃后，说了如下的话。其中，吃了 2 个仙桃的人撒谎了，吃了 1 个仙桃的人说了实话。

西西："我吃过红色的仙桃。"

安安："西西现在手里有 4 个仙桃。"

米米："我和拉拉一共吃了 3 个仙桃。"

拉拉："安安吃了 2 个仙桃。米米现在拿着的仙桃数量不是 3 个。"

请问最初每人有几个仙桃，吃了几个，剩下了几个呢？

难度等级 ★★☆☆☆

圣诞老人

5个圣诞老人约好周末参加一次圣诞聚会。他们都不是在同一个时间到达约会地点的：A不是第一个到达约会地点；B紧跟在A的后面到达约会地点；C既不是第一个也不是最后一个到达约会地点；D不是第二个到达约会地点；E在D之后第二个到达约会地点。

你知道他们到达约会地点的先后顺序吗？

难度等级：★★★☆☆☆

猜钻石

5个魔球里分别装有红、绿、黄、黑、蓝5种颜色的钻石。博士让A、B、C、D、E等5个人任猜魔球里钻石的颜色，猜中了就把里面的钻石奖给他。

A说：第二个魔球是蓝色，第三个魔球是黑色。

B说：第二个魔球是绿色，第四个魔球是红色。

C说：第一个魔球是红色，第五个魔球是黄色。

D说：第三个魔球是绿色，第四个魔球是黄色。

E说：第二个魔球是黑色，第五个魔球是蓝色。

答案揭晓后，5个人都猜对了一个，且每人猜对的颜色都不同。

请问：每个魔球里分别装了什么颜色的钻石？

难度等级 ★★☆☆☆

楼梯上的凶案

因供电局更换照明电缆，好几幢公寓都在晚8点至11点停电。

这天晚上，盲人中心的经理妮可9点多才回到公寓，并走楼梯回家。第二天，人们在楼梯上发现了她的尸体，她手里攥着皮包的带子，却不见皮包，显然这是一宗杀人抢劫案。

警察赶到现场调查。据公寓管理员回忆，当时还有同楼的另一男子与妮可差不多同时上楼。警方立刻召来那名男子讯问。那名男子说："我当时确实和妮可同时上楼梯，我看见她是盲人，行动不方便，所以还扶着她上楼梯，到了她住的那层我才走。"管理员听那男子说完后，大声地说："他在说谎，妮可小姐是他杀的。"

管理员怎么知道那男子在说谎呢？

难度等级　★★★☆☆☆

小偷被偷

有一个职业小偷。一天，他溜到公交车上去作案，先偷了一位时髦小姐的钱包，又接连偷了一位西装革履的男子和一位白发苍苍的老太太的钱包。他兴高采烈地下了车，躲在角落里清点了一下，发现三个钱包里总共不过200元。接着他又惊叫起来，原来与这三个钱包放在一起的他自己的钱包不翼而飞了，那里面装着700多元呢！他口袋里还有一张纸条，上面写着："让你这该死的小偷尝尝我的厉害，看看你偷到谁头上来了！"

猜猜看，那三个人中，究竟是谁偷了他的钱包呢？

难度等级　★★☆☆☆

答案及解析

爱因斯坦的谜题

挪威人住黄屋子，抽 Dunhill，喝水，养猫；

丹麦人住蓝屋子，抽 Blends，喝茶，养马；

英国人住红屋子，抽 Pall Mall，喝牛奶，养鸟；

德国人住绿屋子，抽 Prince，喝咖啡，养鱼；

瑞典人住白屋子，抽 Blue Master，喝啤酒，养狗。

所以答案是：德国人养鱼。

乌龟赛跑

假设丙的话是真话，那么丁的话也是真话了，从而甲的话也是真话，所以乙上次是第二名。因此，上次的第一名既不是乙也不是丙，所以应该是丁或者甲。但是，无论哪个是上次的第一名，本应该都说真话的丙和丁的话至少有一个会变成假话。所以，丙的话只能是假话（名次下降，而且丁的名次没有上升）。

由于丙不是上次的第一名，这次的名次下降，所以这次是在第三名以下。所以，乙的话是假话，乙的名次也下降了。

谁是老实人

正确的答案是老王、老李是真正的老实人。

我们先假设老张是老实人。那么，把老李说的话颠倒过来，老刘就成了老实人。这样一来，老王和老林也都成了老实人了，这样就超过"只有2个老实人"的限制了。

那假设老林是老实人的话，把老王说的话颠倒过来，老张就成了老实人。但是，照老林的说法，老张应该是个骗子，这样就产生矛盾了。

再假设老刘是老实人，则老王跟老林就又成了 3 个老实人，所以也行不通。

谁是亲兄弟

甲的弟弟是 D，乙的弟弟是 B，丙的弟弟是 A，丁的弟弟是 C。在甲、乙、丙三个人中只有一个人说了实话，而且这个人是 D 的哥哥，因此乙说的是假话，乙不可能是 D 的哥哥。由乙说的话得知，丙也不可能是 D 的哥哥，所以丙说的也是假话，由此可得，丁的弟弟是 C。由于甲、乙两人都说了谎，而丁又不是 D 的哥哥，因此甲一定是 D 的哥哥，甲说的是实话。也就是说，乙的弟弟是 B，丙的弟弟是 A。

买的什么文具

根据（1）和（2），如果小东买的是铅笔，那么小明买的就是笔记本，小强买的也是笔记本。这种情况与（3）矛盾。因此，小东买的只能是笔记本。于是，根据（2），小强买的只能是铅笔。因此，只有小明才能昨天买铅笔，今天买笔记本。

谁和谁是一家

如果拿长笛的和跑步的是兄弟的话，根据跑步的人的发言，拿长笛的就是可可。拿书的所说的不是关于兄弟的话就变成了真话，这就相互矛盾了。所以拿长笛的和跑步的不可能是兄弟。

如果拿长笛的和溜冰的是兄弟的话，根据拿书人的话（假话），可知拿长笛的人就是丁丁。拿长笛的人的话却成了假话，这相互矛盾了。因此拿长笛的和溜冰的不可能是兄弟。

所以，拿长笛的和拿书的是兄弟，跑步的和溜冰的是兄弟。

谁送的礼品

"鸡尾酒"先生所收到的礼品是"威士忌"先生送的。"茅台"先生送给"白兰地"先生鸡尾酒;"白兰地"先生送给"威士忌"先生伏特加;"威士忌"先生送给"鸡尾酒"先生茅台酒;"鸡尾酒"先生送给"伏特加"先生白兰地;"伏特加"先生送给"茅台"先生威士忌。

汽车是谁的

（1）丽萨拥有一辆双门的别克汽车;

（2）玛丽拥有一辆四门的别克汽车;

（3）凯特拥有一辆五门的别克汽车;

（4）丽萨拥有一辆五门的别克汽车;

（5）玛丽拥有一辆五门的奥迪汽车。

谁被隔离

答案是 C。

对题干进行整理:所有被隔离的人都与小张接触过;所有与该病患者接触过的人都被隔离了。所以,所有与该病患者接触过的人都与小张接触过。

究竟谁受了伤

安丁是受伤者。

A 和 B 提供的信息表明卡姆是单身,而受伤者是有妻子的,所以卡姆没有受伤。根据 D,戈丹目睹了整个事故发生的经过,他还决定以后不再骑马了,所以戈丹没有受伤。根据 B,马扬的妻子不是受伤者的妻子,所以受伤者不是马扬。根据 B、C、E,马扬的妻子是受伤者的妻子的姐姐,而她没有外甥女,也没有侄女,说明受伤者没有女儿,而兰君有女儿,因此受伤者不是兰君。所以,安丁是那位不幸的受伤者。

谁是真凶

议员是真正的凶手。他进诊所时,陌生人已经换上了干净的衣服,并且吊着手臂，他不应知道陌生人是背部中弹。

谁在说谎

甲和丙。

先假设乙是老实人，那么，把丙说的话颠倒过来，戊就成了老实人。接着，甲跟丁也是老实人，这样就超过只有两个人的限制了。

那假设丁是老实人的话，把甲说的话颠倒过来，乙就成了老实人。但是照丁的说法，乙应该是个骗子，这样就产生矛盾了。

再假设戊是老实人，加上甲和丁，老实人变成了三位，所以也行不通。

看看剩下的甲和丙所说的话，就跟题目的条件相吻合。

一定在左边吗

小芳不一定在小娟的左边。

如果照图中所示的做法，围成一圈的话，小芳就会在小娟的右边了。事实上，像左边、右边看似非常一般的概念，到现在为止还是没有办法用数学或逻辑学来说明。

谁是冠军

大儿子是体操全能冠军。

谁是幸运者

根据已知条件得知，D 和 E 中必定有一位与 A 和 C 属于相同的年龄档，而 A 和 C 都小于 30 岁。按照校长的要求，他是不会选择 A 和 C 的。另外，从条件中得知，C 和 D 当中必定有一位与 B 和 E 的职业相同，因此，B 和 E 是秘书。所以校长必定会选择 D 女士做学校的舞蹈教师。

谁是谁的新娘

秋红是大林的新娘，春红是二林的新娘，夏红是小林的新娘。

谁是智者

智者是乙。

谁是小偷

E 是小偷。

谁姓什么

王大明、张二明、李三明、赵四明。

谁大谁小

小田。

谁害了富翁

约翰是凶手。

谁是凶手

凶手是死者的弟弟，因为死者上身赤裸，未穿上衣服，凶手和他一定十分熟悉。如果是学生家长的话，出于礼貌，死者一定会穿好上衣，不会赤裸上身。

钥匙在哪里

钥匙在中间抽屉里。

方法一：首先，假如左面抽屉的纸条是真话，那么就是"钥匙在左面抽屉里"；右面抽屉上的纸条是假话，那么反过来就是"钥匙在左右抽屉里"；而中间抽屉的纸条反过来的意思则是"钥匙在中间的抽屉里"。得出的结论是，钥匙在左面、右面、中间的抽屉里，但是，3个抽屉里都有钥匙是不可能的，因此，第一句话是假话。

其次，假如中间抽屉的纸条是真话，那么就是"钥匙不在中间抽屉里"，说明钥匙在左面或右面的抽屉里。左面抽屉的纸条是"钥匙在这里"，因为是假话，那么反之就是"钥匙不在左面抽屉里"。右面抽屉的纸条则应是"钥匙在左右抽屉里"，这就产生了矛盾，即左面抽屉的纸条说"不在"，右面抽屉的纸条说"在"，那么显然难以得到结论。因此，此句也是假话。

最后，假如右面抽屉里的纸条是真话，"钥匙不在左右抽屉里"，那便即知"钥匙在中间抽屉里"。而左面抽屉的纸条反过来的意思则是"钥匙不在左面抽屉里"。那么，这恰恰与右面抽屉上纸条的内容是一致的，即肯定了"左边抽屉没有钥匙"。中间的纸条说"钥匙不在这里"因是假话，反之则是"钥匙在这里"，这正好与右面抽屉纸条的内容相符，因此证明：钥匙在中间抽屉里。

方法二：其实，最快速的方法就是直接看第（3）句，即右面抽屉纸条上的话："钥匙不在左右抽屉里"。因为钥匙只能在3个抽屉中的一个里面，而题（3）如为假就说明"钥匙在左右抽屉里"，这是不可能的，因此只能判断它是真话，即"钥匙不在左右抽屉里"。既然不在左右抽屉里，那只能在中间抽屉里。

他是不是罪犯

如果C作案，则A是从犯；如果C没作案，则由于B不会开车，不会单独作案，因此A一定卷入此案。

C或者作案，或者没有作案，二者必居其一。因此，A一定卷入了此案。

哪句话是真话

正确选项是D。

第一个杯子上的话与第四个杯子上的话矛盾，所以两句话中必有一真一假。因为题干中说四句话中"只有一句是真话"，由此判断第二个杯子与第三个杯子上的话都是假的。所以第二个杯子中没有苹果，第三个杯子中有巧克力。

我该穿什么衣服

由（1）、（2）和（3）可以得知：15岁以上的学生能去看棒球赛。

"不能不看球赛和不穿毛衣，或既不看球赛也不穿毛衣"这段话是说，必须要看球赛且穿毛衣。由此再结合（4），得知16岁以上的男生不能去看球赛。

因此，看球赛的男生的年龄应为15～16岁，观看比赛时应穿毛衣、戴大礼帽，而且不能带伴侣。

玛瑙戒指

因为奇奇和兜兜的话是相互矛盾的，所以2人之中必有1人在撒谎。

假设奇奇说的是真话，那么兜兜的话就是假的，从奇奇的话来看，天天是爱撒谎的女子，就是说撒谎的兜兜戴着玛瑙戒指了，这样的话，天天的话就不是假的了。

所以，奇奇的话应该是假的（而且，天天不是爱撒谎的女子），兜兜的话是真的。

因为天天的话是假的，所以天天应该戴着玛瑙戒指，撒谎的奇奇就是爱撒谎的女子了。

古希腊的传说

假设玛丽是受害者，那么露西的话虽然是对受害者说的却又是真的，所以，玛丽不可能是受害者。

假设瑞利是受害者，那么玛丽和劳尔的发言虽然是对被害者说的却又是真的。所以，瑞利不可能是受害者。

猜名字

是 B 的名字。很明显，A 与 C 两人之中只有一人是对的，因为他俩的判断是矛盾的。如果 A 正确的话，那么 B 也是正确的，与老师说的"只有一人猜对了"矛盾。所以 A 必是错误的。这样，只有 C 是正确的。B 的判断是错的，那么他的相反判断就是正确的，即是 B 的名字是正确的，所以老师手中写的是 B 的名字。

兄弟姐妹

从⑥得知，己是女的，庚是男的。从①、③、⑤、⑥联合考虑可知，这 7 个人中，只有 3 个是女的。从③、⑤可以肯定丁是女的。从而可知，其余 4 人，即甲、乙、戊、庚一定都是男的。

最后结果是 7 人中有 4 男 3 女。甲、乙、戊、庚为男，丙、丁、己为女。

寻找果汁

甲瓶子：可乐。

乙瓶子：白酒。

丙瓶子：果汁。

丁瓶子：啤酒。

野炊分工

老大洗菜，老二淘米，老三烧水，老四担水。

猜职务

由"丙比组长年龄大"知道，丙不是组长，丙的年龄比组长大。

由"学习委员比乙年龄小"知道，乙不是学习委员，乙的年龄比学习委员大。

推理类创新能力训练

由"甲和学习委员不同岁"知道，甲不是学习委员。

既然知道了甲和乙都不是学习委员，那么丙就一定是学习委员了。3 个人的年龄顺序是：乙 > 学习委员；丙 > 组长。从这一顺序上看，乙不是组长，那他一定是班长了，而组长则是甲了。

排　队

排队的顺序是：芬尼，杰尼，杰克，鲍勃，汤姆，沃克。

分辨矿石

这块矿石是铁。可采用假设的方法推理出来。如假设甲同学两个判断都对，那么乙、丙同学的判断都有一个是正确的，与老师的结论矛盾，所以，甲同学的判断不对。以此类推，假设乙同学都对，丙同学都对。最后就会得出结论，丙同学的判断都对，这块矿石是铁。

凶手的谎言

影子不可能在窗口。张某说"窗口有高举木棍的影子"，这就是谎言。因为桌上台灯的位置是在被害人与窗口之间，不可能把站在被害人背后的凶手的影子照在窗子上。

奇怪的中毒事件

轮胎里充满了高压氰化钾气体，罪犯是在前一天晚上悄悄溜进车库作案的。

第二天早晨，当被害人想出车时，发现一个轮胎气太足了，这样车跑起来会出危险，便拧开气门芯放些气。就在这一刹那，剧毒的氰化钾气体喷射出来使其中毒身亡。

没有这个门牌

绑匪是邮差。因为在没有门牌和真实姓名的情况下，只有他能安全收到钱，但如果是挂号就不行了，所以他要求用普通邮件。

年龄的秘密

A 是 54 岁，B 是 45 岁，C 是 4 岁半。

煤矿事故

正确选项是 D。

矿工丙的话和矿工丁的话相互矛盾，定有一真。矿工甲的话为假，不是设备问题。矿工乙的话为假，由于已确定了"不是设备问题"，所以没有人违反操作规范。矿工丙的话一定为真。矿工丁的话为假。

奥林匹克圆环

由线索（1）和（3）可知，黑色的圆环应该在上排中间或右边，但根据（2）黄色不能和红色或绿色的相连，所以黑色只能在中间了。同理可以推知蓝色圆环不会在上排右边，而是在上排左边。如下图所示。

猫的谎言

假设花猫的话是假的，那么花猫小于白猫，白猫就只有 1 条，这是相互矛盾的。

所以，花猫的话是真实的，花猫≥白猫，白猫捉的鱼不可能是 1 条。

假设黑猫的话是假的，黑猫小于花猫，花猫就是 2 条，所以黑猫就是 1 条。那么，白猫的话就成了假的，而且必须是白猫。

推理类创新能力训练

兔子的谎言

甲：2 岁。

乙：4 岁。

丙：3 岁。

丁：1 岁。

如果丙兔子说的话是假的话，丙就比甲年龄小，而且甲就是 1 岁，这是不可能的。

所以丙兔子的发言是真实的，就是甲不是 1 岁，丙比甲年龄要大。

如果甲的发言是真的话，就是乙 3 岁，甲要比乙年龄大就是 4 岁，这与上面的分析是矛盾的。

所以，甲的话是假的，乙也不是 3 岁，甲比乙年龄要小。

根据以上分析，乙是 4 岁，丙是 3 岁，甲是 2 岁，剩下的丁就是 1 岁。

发卡的颜色

可以。三人都可能推出自己头上发卡的颜色。简单分析一下：

甲看到两个红发卡，因发卡有"三红两紫"，还剩"一红一紫"，她无法判断。同样的道理，乙与丙也会这样想。

既然三人都无法一下子判断出来，甲就会进一步推想：如果她头上是紫发卡的话，乙看到"一红一紫"两个发卡，她无法判断自己头上发卡的颜色。可丙能从乙推不出来中，很快推出自己头上的是红发卡。因为如果丙是紫的，乙马上可推出她是红的。可丙也推不出她头上发卡的颜色，说明自己头上只可能是红发卡了。

同样的道理，乙与丙也会这样分析，从而可断定她们各自头上的发卡是红色的。

三张扑克牌

这三张牌，从左到右依次为：红桃 K、红桃 A 和方块 A。

先来确定左边的第一张牌。从前提 1 得知这张牌是 K，从前提 4 得知这张牌是红桃，所以，这张牌是红桃 K。再来确定右边的第一张牌。从前提 2 得知这张牌是 A，从前提 3 得知这张牌是方块，所以，这张牌为方块 A。最后，来确定当中的一张牌。从前提 2 得知，或者这张牌是 A，或者左边第一张是 A；又从前提 1 得知左边第一张是 K，所以，当中这张牌是 A。同理，从前提 4 得知，或者当中这张牌是红桃，或者右边第一张牌是红桃；但由前提 3 可知右边第一张是方块，这样，即可确定，当中这张牌是红桃。

帽子颜色

蓝色。

假设大毛和二毛的帽子都是红色的，而会场上只有 2 顶红帽子，那么三毛应该立刻回答自己的帽子是蓝色的。

所以，大毛和二毛戴的帽子有两种可能：（1）一顶红色和一顶蓝色；（2）两顶都是蓝色。

二毛看得到大毛的帽子，如果大毛戴的是红色的话，便符合（1）的状况，那么二毛应该可以答出自己的帽子是蓝色的才对。

他之所以答不出来的原因，相信你也已经猜到了吧，那就是因为大毛的帽子是蓝色的。

蔬菜拼盘

先按题干所给信息将四种蔬菜的营养含量进行初步排序：

甘蓝＞菠菜；绿芥蓝＞莴苣。

再验证各选项的正误：

A. 因为甘蓝＝绿芥蓝、绿芥蓝＞莴苣，所以甘蓝＞莴苣；

B. 因为菠菜＝莴苣、甘蓝＞菠菜，所以甘蓝＞莴苣；

C. 因为甘蓝＞菠菜、绿芥蓝＞莴苣、菠菜＞绿芥蓝，所以甘蓝＞莴苣；

D. 因为甘蓝＞菠菜、绿芥蓝＞莴苣，绿芥蓝与菠菜之间没有大小关系，

因此无法得出甘蓝 > 莴苣的结论。

所以，正确选项是 D。

乱配鸳鸯

因为 A、甲、C 三人都说谎，所以 A 不娶甲，甲也不嫁 C。所以甲嫁给B，C 不娶丙，所以 C 娶乙。剩下是 A 娶丙了。

超市盗窃案

根据他们提供的证词，可得出下面两种可能：

A

（1）乙说：甲没有偷东西。

（2）丙说：乙说的是真话。

（3）甲说：丙在撒谎。

B

（1）丙说：甲没有偷东西。

（2）乙说：丙在撒谎。

（3）甲说：乙说的是真话。

对于 A 而言，（2）支持（1），而（3）否定（2），进而否定（1）。所以，供词就变成了：

（1）乙说：甲没有偷东西。

（2）丙说：甲没有偷东西。

（3）甲说：甲是有罪的。

显然，A 是不可能的。

对于 B 而言，（2）否定（1），（3）肯定（2）进而（3）否定（1）。所以，供词就变成了：

（1）丙说：甲没有偷东西。

（2）甲说：甲偷东西了。

（3）乙说：甲是有罪的。

根据已知条件得知：假设"甲有罪"，那么甲说了真话且是有罪的，显然这是不可能的。

假设"甲没有偷东西"，那么甲是无辜的，且乙和丙都撒了谎，所以他们两个人中必有一个人是有罪的。由于甲是无辜的，所以乙就是盗窃者。

失窃的公文包

电力工程师在说谎。日本国旗是白底加太阳的图案，无所谓正反的区别，更别说出现挂倒这种事情了。所以，电力工程师根本没有重新挂国旗，他有足够的时间作案。

在大多数时候，只要根据严密的逻辑推理和正确的判断，就能顺利解决问题，需要注意的是，不要遗漏任何细节。

走错房间的人

小伙子的敲门露了馅儿。因为三、四两层全是单人间，任何一个房客走进自己房间时，都不会先敲房门的。

卡洛尔的难题

不能。

由（1）知：标有日期的信——用粉色纸写的；由（2）知：丽萨写的信——"亲爱的"开头；由（3）知：不是约翰写的信——不用黑墨水；由（4）知：收藏的信——不能看到；由（5）知：只有一页信纸的信——标明了日期；由（6）知：不是用黑墨水写的信——做标记；由（7）知：用粉色纸写的信——收藏；由（8）知：做标记的信——只有一页信纸；由（9）知：约翰的信——不以"亲爱的"开头。

综上所知：丽萨写的信——不是约翰写的信——不是用黑墨水——做了标记——只有一页信纸——标明了日期——用粉色写的——收藏起来——皮特不能看到。所以，皮特不能看到丽萨写的信。

奇怪的科学家

因为镇上只有两位理发师，这两位理发师必然要给对方理发。科学家挑选的是给对方理出最好发式的那位理发师。

愚昧的贵妇

工匠师只要在水平一排的两端各偷走一颗钻石，再将最底下的一颗钻石移到最顶端，即可蒙骗贵妇。

仙女和仙桃

西西最初有 6 个，吃了 2 个，剩下了 4 个；安安最初有 7 个，吃了 1 个，剩下了 6 个；米米最初有 5 个，吃了 2 个，剩下了 3 个；拉拉最初有 4 个，吃了 2 个，剩下 2 个。

圣诞老人

他们到达约会地点的先后顺序是：D、E、C、A、B。

依据题目给出的条件，很快就可以分析出 A、B、C、E 都不是第一个，只有 D 是第一个到达的。

由"E 在 D 之后"，可以知道两人的顺序是：D、E。

由"B 紧跟在 A 后面"得知两个人的顺序是：A、B。

由"C 不是最后一个到达约会地点"，可以得知这样的顺序：C、A、B。

所以，总的先后顺序是：D、E、C、A、B。

猜钻石

第一个魔球是红色的，第二个魔球是绿色的，第三个魔球是黑色的，第四个魔球是黄色的，第五个魔球是蓝色的。

楼梯上的凶杀案

管理员知道妮可是盲人，她从不乘电梯，每天都是走楼梯的，突然停电对她没有丝毫影响。倒是那男子整日乘电梯，突然停电，对他才会有影响。

小偷被偷

偷小偷钱包的是时髦小姐。因为如果是另外两个人的话，他们应该连那位小姐的钱包一块儿偷走才对，就算他们不全偷，他们也不知究竟哪个钱包是职业小偷的。

推理类创新能力训练

分析类创新能力训练

分析力是在解决问题的过程中，把认识对象按照需要，分解为各个部分、方面或要素从而认识它们在认识对象整体中的性质和作用，并再度将其组合成整体的能力。学会对事物采用各种方法进行分析，掌握其特征，发现其规律，对事物有个清晰而全面的认识，从而就会做到透过现象看本质，驾轻就熟地解决问题。

天平如何平衡

这里有一个天平和 7 克、8 克、15 克、23 克的砝码。利用这些砝码使天平保持平衡状态有几种方法？

难度等级　★★☆☆☆

转动的距离

两个圆环，半径分别是 1 和 2，小圆在大圆内绕圆周一圈，请问小圆自己转了几圈？如果在大圆外部，小圆又转了几圈呢？

难度等级　★★☆☆☆

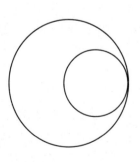

各得多少分

有一枚飞镖和一张靶纸（如图）。在靶纸上的 1、3、5、7、9 表示该靶区的得分数。甲、乙、丙、丁 4 人各投 6 次镖，每次镖都中了靶。最后他们是这样说的：

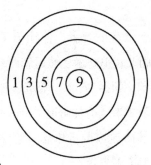

甲说，我只得了 8 分。

乙说，我共得了 56 分。

丙说，我共得了 28 分。

丁说，我得了 27 分。

请想一想，他们所讲的得分数可能吗？可能的话，请说出他们每次投镖的得分数；不可能的话，请说明理由。

难度等级　★★☆☆☆

来自哪里

5 位外国游客分别来自罗马、新德里、费城、华盛顿和巴西利亚。请根据下面的谈话分别确认他们各来自哪里。

甲：我曾到过北美洲，但还没有去过南美洲。下个月我准备去罗马旅游。

乙：去年我曾在费城旅游过，下个月我也要去罗马旅游。

丙：我去年到过费城，它是我去美国的第一站。

丁：我从没有去过费城。我第一次出国旅游。下个月我要去欧洲或者南美洲。

戊：……

难度等级　★★☆☆☆

走了多少米

有一位喜欢在林荫道上散步的智者，他让弟子们这样栽种树木：沿直线先朝东栽 100 米，接着朝北栽 100 米，然后朝西栽 100 米，然后朝南栽 98 米、朝东 98 米、朝北 96 米、朝西 96 米，等等，如此栽下去。最后，他便得到了两排树木之间的一条 2 米宽的林荫道。

智者很喜欢沿着这条林荫道边散步边思考哲学，一直走到这条林荫道的中心。那么，智者一共走了多少米？

难度等级　★★☆☆☆

谁命中了红心

3 个孩子进行射击比赛，用小口径步枪射击特制的靶。每个孩子都打了 6 发子弹。统计射击成绩时发现，原来每人都命中了 71 环。但在这 18 发子弹中只有一发命中红心。

现在只知道，孩子甲头两枪命中了 22 环，孩子乙第一枪命中了 3 环。

请问，这 3 个孩子中是谁命中了红心？

难度等级　★★☆☆☆

现在是几点

有一座钟，1 点响 1 次，2 点响 2 次，12 点响 12 次。在伸手不见五指的黑房子里，小迪一觉醒来，即听到了钟声，不过他可能是在钟响了几声后才听到的，所以不知现在是几点。过了约 1 个小时，钟又响了，这次小迪从一开始就数了响声数，刚好 12 次。钟响一声时长为 1 秒，每声间隔 4 秒，能够确认钟声次数就算钟响结束。

现在，小迪为了确认是否为 12 点，从他醒来到听完第二次钟声，最多需多长时间？

难度等级　★★☆☆☆

怎样取回风筝

笑笑和小丽的风筝因断线正好掉在位于圆湖（半径为 25 米）中心的一块礁石上。此时湖面风平浪静，湖边仅有一只小空船，拴船的是一根长 40 米的绳子。由于一时无法找到船桨，笑笑和小丽非常焦急。

你有什么办法能帮助她俩把风筝取回来吗？

难度等级　★★☆☆☆

地毯的长度

有一个人，想装修刚刚建成的房子，但是他必须在装修之前购买好装修必备的材料。

在所有的材料都购买齐全之后，他突然想到应该在一楼与二楼之间的楼梯上铺一条地毯，但是现在楼梯尚未安装，阶梯的数量、高度和宽度，他还不知道。在这样的情况下，请问你能帮他把所需要的地毯的长度计算出来吗？

难度等级　★★☆☆☆

灯泡的开和关

在甲、乙两间屋里，甲屋有 3 个开关，乙屋有 3 个灯泡。在甲屋里看不到乙屋，而甲屋的每一个开关都控制乙屋的其中一个灯泡。

如何可以只停留在甲屋、乙屋各一次，就知道哪个开关是控制哪个灯泡的呢？

难度等级　★★☆☆☆

 ## 机票的问题

赤道上有 A、B 两个城市，它们正好位于地球上相对的位置。分别住在这两个城市的甲、乙两位科学家每年都要去南极考察一次，但飞机票实在是太贵了。围绕地球一周需要 1000 美元，绕半周需要 800 美元，绕 1/4 周需要 500 美元，按照常理，他们每年都要分别买一张绕地球 1/4 周的往返机票，一共要 1000 美元，但是他们俩却想出一条妙计，两人都没花那么多的钱。

你猜他们是怎么做的？

难度等级　★★★☆☆

 ## 数学家座谈会

在一个座谈会中共有 7 位著名数学家出席，其中 3 位有胡子。这 7 位数学家将沿着一个长桌子的一边坐成一条线。请问 3 位留胡子的数学家正好相邻坐着的概率为多少？

难度等级　★★☆☆☆

废挂历

在某个印刷厂的后院里，扔了一大堆明年的挂历。保安人员随意看了一眼便说道："原来是废品。"废挂历按图所示的样子捆绑着，保安既没有碰，也没有一一去翻。

你知道为什么保安能断定是废品吗？

难度等级　★★☆☆☆

破损的钟

办案人员在犯罪现场找到一个被损坏得不成样子的钟。从钟的残片中可以看出长针和短针正好分别指在某个刻度上，如图长针比短针还快 1 分钟。除此之外无任何有价值的线索。

你能根据这点判断下当时的时间是几点几分吗？

难度等级　★★☆☆☆

硬币的数量问题

某人喜欢收藏硬币。他把 1 分、2 分、5 分的硬币分别放在 5 个一样的盒子里，并且每个盒子里所放的 1 分的硬币数量相等，2 分的硬币数量也相等，5 分的硬币数量也相等。没事的时候拿出来清点，把 5 盒硬币都倒在桌子上，分成 4 堆，每一堆的同种面值的硬币的数量都相等。然后把其中两堆混起来，又分成 3 堆，同样每一堆里的同种面值的硬币数量相等。好了，问题来了，你知道他至少有多少个 1 分、2 分和 5 分的硬币吗？

难度等级　★★★☆☆

 ## 区别假硬币

现有外形完全一样的 9 枚硬币，其中 8 枚是真币，1 枚是假币。假币和真币的区别仅是重量稍轻一点。有一台天平秤，没有砝码，秤上没有读数，如果把重物放在天平秤的两边的托盘上，天平能精确地显示出两边的重物是否一样重，或哪边更重一点。

使用该天平秤，如何只称两次就能确定上述硬币中哪枚硬币是假币？

难度等级　★★★☆☆

巧分小麦和大米

张大妈去粮店买 5 千克大米，替李奶奶代买 5 千克小麦。因为只拿了一条布袋，她便把小麦装在布袋下半截，中间扎一根绳，在上半截装大米，准备回家先倒下大米，然后再把小麦给李奶奶送去。谁知回家的路上，碰见李奶奶拿了一条布袋来接她。

可是，小麦装在下半截，不好倒。她俩正在发愁，来了一个学生，就用她俩的布袋倒来倒去，把小麦和大米分别倒入了她俩各自的布袋里。

他是怎么倒的呢？

难度等级　★★★☆☆

🔍 等分酒精

有容置为 500 毫升的烧杯两个——烧杯 A 和烧杯 B。烧杯 A 盛有 300 克水，烧杯 B 盛有 300 克纯酒精。先倒了些烧杯 A 中的水到烧杯 B 中，搅和均匀，再将烧杯 B 中的酒精溶液倒回 A 中，并使两杯中的液体仍分别为 300 克。

请问，烧杯 A 中的酒精与烧杯 B 中的水哪个多些？如果继续这样来回倒，要倒多少次，才能使烧杯 A 中的酒精同烧杯 B 中的酒精一样多？

难度等级　★★★☆☆

🔍 红球与白球

一位王子向一个美丽的公主求婚。美丽的公主为了考验王子的智慧，就让仆人端来两个盆，其中一个装着 10 个小红球，另一个装着 10 个小白球，然后把王子的眼睛蒙上，并把两个盆的位置随意调换，请王子随意选一个盆，从里面挑选出 1 个球。如果选中的是红球，公主就嫁给他；如果选中的是白球，王子就再也没有机会了。王子听了以后，说："那能不能在蒙上眼睛之前，任意调换盆里的球的组合呢？"公主同意了。

请问：王子该怎么调换球的组合才能确保他能在更大程度上获胜娶到公主呢？

难度等级　★★★☆☆

🔍 漆上颜色的立方体

设想你有一罐红漆，一罐蓝漆，以及大量同样大小的立方体木块。你打算把这些立方体的每一面漆成单一的红色或单一的蓝色。例如，你会把第一块立方体完全漆成红色。第二块，你决定漆成 3 面红 3 面蓝。第三块或许也是 3 面红 3 面蓝，但是各面的颜色与第二块相应各面的颜色不完全相同。

按照这种做法，你能漆成多少块互不相同的立方体？如果一块立方体经过翻转，它各面的颜色与另一块立方体的相应各面相同，这两块立方体则被认为是相同的。

难度等级　★★★☆☆

 跳绳比赛

A、B、C、D 四个小组进行了一次跳绳比赛，比赛的结果是：当 A、B 两组为一方，C、D 两组为另一方时，双方势均力敌，不相上下。但当 A 组和 C 组对调后，A、D 一方就轻而易举地战胜了 B、C 一方。

然而，当 B 组和 A 组、C 组单独较量的时候，结果都胜了。

请问：这四个组中，哪组实力最强？请把它们实力的强弱按顺序排下来。

难度等级　★★☆☆☆

 随机走步

反复掷一枚硬币。

如果出现的是正面，图中的人就向右走一格；如果是反面，则向左走一格。

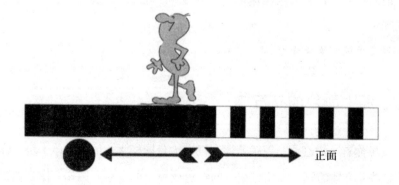

正面

掷硬币很多次以后，比如 36 次之后，你能够猜到这个人离起点多远吗？你能说出这个人最后会回到起点的概率（假设他一直走）吗？

难度等级　★★★☆☆

检查小球

一家玩具公司生产的一盒玩具球中，有 4 个小球，每个小球都是按照一定标准的重量制造的。在质检过程中，工作人员发现其中一个小球是次品。现在知道那个次品的重量要比其他合格品的重量大一些。

如果让你用天平只称量一次，你知道如何判断哪个小球是次品吗？

难度等级　★★★☆☆

记错的血型

张三、李四、小赵、小钱四人的血型分别是 A 型、B 型、O 型、AB 型四种血型中的一种，而且各不相同。以下是四人自述：

张三说："我是 A 型。"

李四说："我是 O 型。"

小赵说："我是 AB 型。"

小钱说："我不是 AB 型。"

其中有三人讲的是对的，只有一人把自己的血型记错了。

你能推理出究竟是谁记错了吗？

难度等级　★★★☆☆

8 个金币

一共有 8 个金币，其中 1 个是假币，其余的 7 个重量都相等，只有假币比其他的都要轻。

请问用天平最少几步能够把假币找出来？称重量的时候只能使用这 8 个

金币，不能使用其他砝码。

难度等级 ★★★☆☆

 ## 纸牌花招

杰克经常玩扑克牌，并总是使出许多花招。一天，他排出做了标记的 3 张扑克牌（如图），纸牌正反两面分别画上√或×。

他把这 3 张扑克牌拿给任何人，在不让他看到的情况下选出一张，放在桌上，朝上的是正面或反面都没有关系，只要他看了朝上的那一面后，便会猜出朝下的标记是什么。猜对了，对方必须给他 100 元；猜错了，他则给对方 200 元。纸牌上√和×的总数各半，也没有其他记号。请问在这场游戏中，他有胜算把握吗？

难度等级 ★★☆☆☆

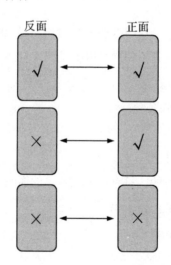

手表上的谜

乐乐指着一块手表的表面对欣欣说："请你在表面上表示小时的 12 个数字中默认一个数字。现在我手中有一支铅笔。当我的铅笔指着表面上的一个数字时，你就在心里默念一个数。我将用铅笔指点表面上的一系列不同的数，你跟随我在心里默念一系列数。注意，你必须从比你默认的数字大1的那个数字开始默念，例如，如果你默认的数字是5，你就从6开始念，然后按自然数顺序朝下念，我指表面上的数，你默念心里的数，我显然不知道你心里默念的是什么数，当你念到20时，就喊'停'，这时我手中的铅笔，一定正指着你最初默认的数。"欣欣认为这是不可能的，因为乐乐并不知道自己从哪个数字开始默念。但出乎意料的是，当他按乐乐所说的操作一遍后，乐乐手中的铅笔正指着他心里默认的那个数字！

想想看，乐乐是如何做到这点的？

难度等级　★★☆☆☆

 中奖的概率

一种奖品为高级小轿车的彩票一共发行了120张。

有一对情侣非常渴望得到这辆车，因此购买了90张彩票。

请问他们不能赢到这辆车的概率是多少？

难度等级　★★★☆☆

油桶交易

一位女贩用一个大桶装了12千克的油到市场上去卖。刚好来了两个一高一矮的家庭主妇，分别只带了5千克和9千克的小桶，但她们却买了6千克的油。其中，矮个子的家庭主妇买了1千克，高个子的家庭主妇买了5千克。令人惊讶的是，她们之间的交易没有用任何测量工具。请问她们是如何分油的呢？

难度等级　★★☆☆☆

丢掉的袜子

假设你有 10 双袜子，丢掉了其中 2 只。请问下面这 2 种情况哪个可能性更高：

1. 最好的情况：你丢掉的 2 只正好是 1 双，因此你还有 9 双完整的袜子。

2. 最差的情况：你丢掉的 2 只都是单只，因此你只剩下了 8 双完整的袜子和 2 只单独的袜子。

这 2 种情况哪个更可能发生呢？

难度等级　★★★☆☆

 奇怪的电梯

一栋 19 层的大厦，只安装了一部奇怪的电梯，上面只有"上楼"和"下楼"两个按钮。"上楼"按钮可以把乘梯者带上 8 个楼层（如果上面不够 8 个楼层则原地不动），"下楼'的按钮可以把乘梯者带下 11 个楼层（如果下面不够 11 个楼层则原地不动），如图。用这样的电梯能走遍所有的楼层吗？

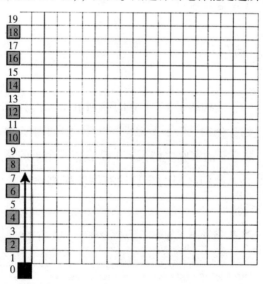

从一楼开始，你需要按多少次按钮才能走完所有的楼层呢？走完这些楼层的顺序又是什么呢？

难度等级　★★★☆☆

🌐🔍 黑暗中的手套

抽屉里面一共放了 2 双黄色手套、3 双红色手套、4 双绿色手套以及 5 双蓝色手套。这些手套都杂乱地摆放着。

现在要在黑暗中从抽屉里拿出手套，要求至少拿到一双相同颜色的手套，并且左右手配套。

请问，至少需要从抽屉里拿出多少只手套才能完成任务？

难度等级　★★★☆☆

🌐🔍 狡猾的罪犯

警长抓住了一个特别狡猾的盗窃犯，把他交给了监狱长。监狱长将盗窃犯关在了监狱中最安全的牢房中，从未有人从这个牢房逃脱过。牢房是一条笔直长廊最里端的全封闭部分，外面有 5 道铁门，它们以不同的频率自动重复开启和关闭。第一道门每隔 1 分 45 秒自动开启和关闭一次，第二道门每隔 1 分 10 秒，第三道门每隔 2 分 55 秒，第四道门每隔 2 分 20 秒，第五道门每隔 35 秒自动开启和关闭一次。在某个时刻，5 道铁门会同时打开，也只有在这时警卫会出现在第五道铁门外，他将通过长廊查看盗窃犯是否在牢房内。如果盗窃犯离开牢房在长廊里待的时间超过 2 分半钟，警报器就会报警，警卫会闻讯赶来。狡猾的盗窃犯能从牢房中逃脱吗？

难度等级　★★★☆☆

凶案发生时间

一天夜里，邻居听到一声惨烈的尖叫声。早上醒来发现原来昨晚的尖叫是受害者的最后叫声。负责调查的警察向邻居们了解案件发生的确切时间。一位邻居说是 23 点 8 分，另一位老大爷说是 22 点 40 分，对面小卖店的老板说他清楚地记得是 23 点 15 分，还有一位小姐说是 22 点 53 分。但这四个人的表都不准确，在这些手表里，一个慢 12 分钟，一个快 3 分钟，还有一个快 10 分钟，最后一个慢 25 分钟。

聪明的你能帮警察确定作案时间吗？

难度等级　★★☆☆☆

礼服和围巾的问题

下图中有 3 个礼盒，盒子上都有标签，但是这些标签和内容都完全不符合。请问：你应在哪几个盒子里至少检查多少物品，才能确定哪只盒子里有什么物品？

3件晚礼服

3条围巾

2件晚礼服
1条围巾

难度等级　★★☆☆☆

🔍 超级任务

现在你手头上有一盘水、一个烧杯、一个软木塞、一个大头针和一根火柴。你必须使所有的水都进入烧杯，但是不能把盛水的盘子端起来或者使之倾斜，也不能借助其他工具使水进入烧杯。

你怎么完成任务？

难度等级　★★☆☆☆

🔍 兼职生活

独立一向是米兰和安瑞最讲究的事情，她们俩从小就非常独立，读小学的时候，她们就开始了她们的兼职生涯。星期天，她们俩将家里养的小鸡拿到集市上去卖。安瑞每天卖 30 只，两只卖 1 元，回家时她可以卖 15 元；米兰每天也卖 30 只，3 只卖 1 元，一共可以卖 10 元。有一天，米兰生病了，于是她请安瑞帮她卖小鸡。安瑞带了 60 只小鸡去了集市，并以 5 只 2 元的价钱卖。当她回家时，她一共卖了 24 元。因此，这个要比两人分别卖所赚的钱少了 1 元。

那么，为什么会少 1 元呢？是安瑞拿走了吗？

难度等级　★★☆☆☆

🔍 守财奴

一个守财奴生前积累了很多的金条，可他到临死的时候也舍不得分给儿子们。为此，他写了一份难解的遗嘱，要是解开了这个遗嘱，就把金条分给他们，要是没有解开，金条就永远被藏在无人知晓的地方。

他的遗嘱是这样写的：我所有的金条，分给长子 1 根又余数的 1/7，分给次子 2 根又余数的 1/7，分给第三个儿子 3 根又余数的 1/7……以此类推，一直到不需要切割地分完。

聪明的读者，你能算出守财奴一共有多少根金条，多少个儿子吗？

难度等级　★★☆☆☆

愚蠢的掩盖

富商凯文的侄子拉迪尔找到杰斯。他交给杰斯一个信封："今天晚上到我家书房，杀掉我叔叔凯文，然后伪装成自杀的样子，把这份遗书放好。信封里另有1万美元是定金，如果做得干净利落，我会再付你1万美元。"看着厚厚的钱，杰斯点点头答应了。

这天晚上，杰斯准备停当，潜入书房用安装了消音器的手枪打死了雷蒂，然后按照计划，他把随身带来的打字机，端端正正地放在凯文面前，又把拉迪尔早就准备好的遗书放在打字机的出纸口上，最后把手枪放到凯文手里，做出刚刚打好遗书、举枪自杀的假象。为了谨慎起见，杰斯还擦拭了所有他接触过的地方，包括打字机、手枪和桌子，避免留下指纹。

第二天，当杰斯准备去领取剩下的1万美元时，却发现所有的报纸都登载了这样的消息："有人假造遗书，谋杀富商凯文！"听到这个消息，杰斯大惊失色。他仔细想想昨晚作案的过程，确信没有任何疏漏，而留下的遗书也是经过本人签名的，应该也没有破绽。

那么，警方是如何确定凯文先生是被谋杀的呢？

难度等级　★★☆☆☆

电话作案

一天下午，在英国首都伦敦的一条街上，有座房子忽然爆炸起火了。警察和消防队员赶到现场，及时扑灭了大火。经勘察，这场火灾是煤气爆炸引起的，在现场发现了一具老人的尸体，他是在卧室中被发现的。经过解剖，他的健康状况良好，但在煤气爆炸前服用过安眠药。

在他的卧室中，有煤气管漏气的现象。但让警方百思不解的是，煤气为什么会爆炸？引起煤气爆炸的火星是从哪里来的？

在爆炸之前，这个地区停电了，不可能因漏电而起火。警方怀疑被害人的外甥有作案可能。理由是被害人有大量的宝石和股票，都存在银行时，他立下遗嘱，全归外甥继承。老人的外甥也许是想早日继承这笔遗产，而老人却很健康，所以才下了毒手。

而在这所房子爆炸前后，他都不在现场，他是在离现场 10 千米远的一家饭店里。服务员还证明，他在饭店里还打过电话。也就是说，老人的外甥不可能是作案者。那么，谁是作案者呢？

电话发明者贝尔了解这个案情后，立即说道："肯定是他的外甥利用电话作的案！"

请问：贝尔是如何判断的呢？

难度等级　★★☆☆☆

巧开保险箱

英国皇室定做了三个用来存放机密文件的保险箱。做保险箱的人夸门说，只要有谁在半小时内打开这三个保险箱，就愿意付给 3 万英镑，开锁高手贝克兰受约翰探长的邀请，接受了这个难题。

三个用特种钢材铸造的闪烁着金属光泽的保险箱整齐地排列在警局大厅的中央。精密的锁加上智能密码，看起来完全没有破绽。

贝克兰在壁炉旁暖了暖手，立刻开始动手，厂商代表则用一只有机玻璃沙漏开始计时。贝克兰在开第一个保险箱时遇到了麻烦，他足足花了 15 分钟。由于有了经验，第二个保险箱只花去了 7 分钟。厂商代表示意他暂停。

厂商代表阴阳怪气地说："现在，开始最后一次冲击吧，你只剩下 8 分钟。"接着，他把沙漏挪到了壁炉旁边，开始重新计时。

贝克兰有了刚才的两次经验，对这种保险箱已经了如指掌。他顺利地解开密码，打开了第三个保险箱，看到了厚厚的钞票。这时，厂商代表却说他超时了。贝克兰回头一看，沙漏的刻度上显示为 9 分钟！他完全不相信自己的眼睛！

忽然，贝克兰灵机一动，明白了沙漏走快的原因。他大声对厂商代表说："我已经知道是你动了手脚，酬金还是我的!"厂商代表听后，顿时面如土色，只好把酬金付给了贝克兰。聪明的读者，你知道厂商代表动了什么手脚吗?

难度等级　★☆☆☆☆

天平如何平衡

3 种。①一边放 15 克，一边放 7 克和 8 克。②一边放 23 克，一边放 15 克和 8 克。③还有，就是不要放任何砝码。

转动的距离

小圆绕 2 圈的距离等于大圆的圆周长，因此答案为 2 圈。而内圈和外圈的答案相同，长度并不会因为换地方转动而改变。

各得多少分

甲的情况是可能的。因为 6 个飞镖都中靶，而总分又只有 8 分，因此不可能有一枚得 5 分以上，最多只有一枚得 3 分。这样其余 5 枚各得 1 分，即：8 = 1 + 1 + 1 + 1 + 1 + 3。而且这是唯一的答案。

乙的情况是不可能的。因为 6 枚飞镖都中靶，每镖最多得 9 分，9 × 6 = 54（分）比 56 分小。所以，这是不可能的。

丙的情况是可能的，而且，有好几种可能性，即答案不是唯一的。从总分是 28 分，我们可以知道，最多有 2 枚是得 9 分的。（如果有 3 枚得 9 分，共 27 分，其余 3 枚即使都得 1 分，也超过了 28 分。）所以，可能得到三种情况：9、9、7、1、1、1；9、9、5、3、1、1；9、9、3、3、3、1。

如果只有一枚得 9 分，这样又有 6 种可能的情况：9、7、7、3、1、1；9、7、5、5、1、1；9、7、5、3、3、1；9、7、3、3、3、3；9、5、5、5、3、1；9、5、5、3、3、3。

如果一枚 9 分也没有，又可得到 7 种可能得分的情况：7、7、7、5、1、1；7、7、7、3、3、1；7、7、5、5、3、1；7、7、5、3、3、3；7、5、5、

5、5、1；7、5、5、5、3、3；5、5、5、5、5、3。

所以，总分是 28 分的一共有 16 种情况。

丁的情况是不可能的，因为中靶的分数都是奇数，6 个奇数的和一定是偶数，而 27 是奇数，所以不可能。

来自哪里

甲来自新德里，乙来自巴西利亚，丙来自罗马，丁来自华盛顿，戊来自费城。

走了多少米

可以在想象中把智者漫步过的林荫道"剪拼"成一条直道。

由于所有的林荫道组成的正方形的面积是 $100 \times 100 = 10000$（平方米），林荫道的宽度是 2 米，因此，林荫道全长 $5000 \times 7 = 35000$（米）。所以智者一共走了 17500（米）。

谁命中了红心

首先一必须研究这 18 次射击每次所命中的环数，然后把它们排成三列，每列 6 个数，并使 6 个数之和等于 71 环。

唯一排法是：

第一列：25，20，20，3，2，1，共 71 环；

第二列：25，20，10，10，5，1，共 71 环；

第三列：50，10，5，5，2，1，共 71 环。

孩子甲打出的头两发子弹中了 22 环，所以他属于第一列，因为只有在此列中才能找到两数之和是 22。

孩子乙第一发子弹命中 3 环，这就是说，他属于第三列（第二列内没有数字"5"）。这列中还有数"50"，因此，孩子乙命中了红心，而孩子丙属于第二列。

现在是几点

1 小时 50 秒。稍微动动脑筋就知道了，从 11 点的第一声响开始数似乎最费时了，但此时，听了 11 声响，小迪就以为现在是 11 点或 12 点，到下个点，如果钟响一下，就停了，则说明刚刚听到的就是 1 点；如果听到第二声响，那现在响的就是 12 点。小迪从 11 点的第二声开始听到钟声时，只听到 10 次，他不知道是 10 点、11 点，还是 12 点。故在下个点开始响时，他不听完 12 次就无法确认现在是几点。小迪从 11 点的第三声开始听到钟声时，他必须听完下个点的钟声，此时，当然比从第二声开始听花的时间少。由上可知，从第二声开始计算，最多需 1 小时 50 秒。

怎样取回风筝

为了取回风筝，可先将 40 米长的拴船绳子，在中点处做一记号。假定船停泊在 A 处，见图，笑笑坐上小船，小丽拿着绳子的另一端绕着湖边行走，走到绳子绷直（即 B 处）时停下，此时两人相距 40 米，然后在岸上的小丽就用力拉绳子，使小船向小丽所在的 B 处靠拢，当停止时，小船前进了 20 米，并停在 C 处。接着，小丽拿着绳子继绕湖边走，当她走到 D 处时，正巧小船与湖心礁石及小丽的立足点成一直线，此时拉绳，船必定经过礁石，船上笑笑

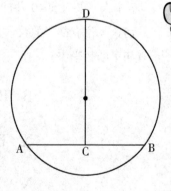

便可俯身伸手将礁石上的风筝取到手，然后小丽再将船拉回岸边。

地毯的长度

其实，我们只需要把要与楼梯构成直角三角形的地面长度和墙壁的高度测量出来就可以了，这两者之和就是所需地毯的长度。

因为每个台阶的高度之和就等于墙壁的高度，台阶的宽度之和就等于

地面的长度，所以说只需知道这两者就可以了。

灯泡的开和关

打开一个开关，过一会儿关掉，再打开另一个开关，接着马上走到乙屋里，亮着的灯泡开关就是第二次打开的开关。再用手摸两个没有亮的灯泡，因为其中一个开关事先被打开过一会儿，所以有些余温，而它便对应第一个开关。剩下的开关则就对应另一个没亮的灯泡。

机票的问题

甲买一张经由南极到 B 市的机票，乙买一张经由南极到 A 市的机票，当他们两人在南极相会时，把机票互换一下，这样他们只花了 800 美元就到了自己的城市。

数学家座谈会

7 个人一共有 5040 种排列方法。

而这 3 位有胡子的数学家坐在一起的情况一共有 5 种（如图所示，B 表示有胡子的数学家）。

B B B X X X X

X B B B X X X

X X B B B X X

X X X B B B X

X X X X B B B

对于这 5 种情况中的每一种，这 3 位数学家之间的排列方法为 3×2×1=6种。而没有胡子的数学家之间的排列方法为 4×3×2×1=24 种。因此，这 3 位数学家坐在一起一共有 $5 \times 6 \times 24 = 720$ 种方法。

其概率为 1/7 （720/5040）。

废挂历

挂历每月的日期一般分为 5 行书写，如果 5 行放不下，则把多出来的日期依次挤放在第 5 行下面。但是如图所示，把 29 日和 22 日如此放在一起绝对不可能的。所以能断定挂历是废品。

破损的钟

2 点 12 分，如图所示。短针的一个刻度相当于长针的 12 分钟。当短针正好指到某一个刻度上时，长针所处的位置是 0 分、12 分、24 分、56 分和 48 分，由此可以推断出结果。

硬币的数量问题

如果能把不同类型的硬币平均分成 4 份、5 份、6 份（注意，把平均分的 4 堆中的 2 堆可以平均分成 3 份，另外 2 堆也一样可以分成 3 份，所以说可以分成 6 份），这样，每一种硬币至少有 60 枚。

如何发现假硬币

把 9 枚硬币分成 3 叠，每叠 3 枚。第一次称其中任意两叠，如果这两叠重量持平，就说明假币在第 3 叠中，取第 3 叠中的任意两枚硬币称第 2 次，如果重量持平，则假币是剩下的那枚，否则就是重量较轻的那枚。如果第一次称的两叠硬币不一样重，则说明伪币在轻的那叠中，取其中的任意两枚称第 2 次，同理能确定哪枚是假币。总之，使用天平秤，只需称 2 次，就能确定哪枚是假币。

巧分小麦和大米

倒法如下：

第一步：先把李奶奶的布袋翻过来；

第二步：把大米倒入李奶奶的布袋，扎上绳子；

第三步：再把李奶奶布袋的上半截翻过来，倒入小麦；

第四步：解开李奶奶布袋的绳子，把大米倒回张大妈布袋。

等分酒精

如果你仍用代数方式计算，那你受累了。因为从理论上说，无论来回倒多少次，都不能使烧杯 A 中的酒精同烧杯 B 中的酒精一样多。这个结论可以通过如下的分析获得。

一开始，烧杯 A 中的酒精浓度为 0，当然小于烧杯 B 中的酒精的浓度。以后，每次从烧杯 A 向烧杯 B 倒入溶液，A 中的酒精浓度不变，而 B 中的酒精溶液是由一种浓度较低的酒精溶液（从 A 中倒来）和一种浓度较高的酒精溶液（原在 B 中的溶液）混合而成，它的浓度应介于这两个浓度之间，特别是应该大于 A 中的酒精浓度。每次从 B 中向 A 中倒入溶液后，B 中的浓度不变，而 A 中的浓度则同样介于两个浓度之间而小于 B 中的浓度。因此无论怎么倒，烧杯 A 中的酒精浓度总是小于 B 中的酒精浓度。在这个过程中，烧杯 A 中的溶液重量最多为 300 克，烧杯 B 中的溶液重量最少为 300克，故 A 中的酒精总是少于 B 中的酒精。

红球与白球

王子可以在盆里留 1 枚红球，把另外 9 个红球倒入另一个盆里，这样一个盆里就只有 1 个红球，另一个盆里就有 10 个白球和 9 个红球。如果他选中了那个放 1 个红球的盆，选中的概率就是 100%；如果选中放 19 个球的盆的话，摸到红球的概率最大是 9/19。

漆上颜色的立方体

你能够漆成：1 块全红，1 块全蓝，1 块 5 面红 1 面蓝，1 块 5 面蓝 1 面红，2 块 4 面红 2 面蓝，2 块 4 面蓝 2 面红，2 块 3 面红 3 面蓝。即总共漆成

10 块颜色不同的立方体。

跳绳比赛

D 组实力最强，B 组第二，A 组第三，C 组最弱。因为 A + B = C + D，C + B < A + D，A < B，C < B；可得：A + B – C = D，B + C – A < D。所以，C < A，B < D。

随机走步

根据概率论，在 n 次以后，这个人与中间起点的距离平均为 $\sqrt{n}$，也就是说，掷 36 次硬币以后，他离起点的距离应该是 6 格。

这个人最终回到起点的概率是 100%，尽管这需要经历相当长的时间。

一个非常有意思的问题就是："这个人从一边走到另外一边的概率是多高呢？"

由于题目中的路线是对称的，你很可能认为在一段随机走步中，这个人应该是一半时间在起点的一边，一半的时间在另一边，答案却恰恰相反，这个人从起点的一边走到另一边的概率几乎为 0。

检查小球

在天平两端各放 2 个小球，次品的那端肯定重，然后在天平两端各拿走 1 个小球。如果这时天平是平衡的，那么刚才重的那端拿起来的小球是次品；如果天平还是不平衡，那么现在重的那端的小球就是次品。

记错的血型

先作如下分析：

（1）假如张三记错，那么张三不是 A 型，而李四是 O 型，小赵是 AB 型，因此张三必为 B 型，小钱必为 A 型。与小钱说的"我不是 AB 型"没有矛盾。

（2）假如李四记错，这种情况实质上与（1）相同，没有矛盾。

（3）假如小赵记错，那么小赵不是 AB 型，而张三是 A 型、李四是 O 型，于是小赵是 B 型，小钱是 AB 型。这与小钱说的话不符，这也是不可能的。

（4）假如小钱记错了，那么小钱是 AB 型，于是小赵不是 AB 型，这与小赵说的话不符，这也是不可能的。

由上可知，四人中要不是张三记错，便是李四记错，所以可能是上述两种情况中的一种。

8 个金币

把 8 个金币分成 2 部分，一部分 6 个金币，一部分 2 个。

不管假币在哪一部分，我们只用 2 步就可以把它找出来：

先将第一部分的金币一边 3 个分别放在天平的左右两边。如果天平是平衡的，那么假币一定在剩下的 2 个中。

再将剩下的 2 个金币分别放在天平的两端，翘起的那一端的金币较轻，这个就是假币。

如果第一步分别将 3 个金币放在天平的两端，天平是不平衡的，天平右端翘起了，说明右边较轻，那么假币是天平右边所放的 3 个金币中的 1 个。

再取这 3 个金币中的任意 2 个分别放在天平的两端，如果天平不平衡，那么轻的那一端放的就是假币。

如果天平仍然是平衡的，那么剩下的那个就是假币。

纸牌花招

有胜算。假设朝上的是√，朝下的是√或×的机会并不是 1/2。

朝下是√的机会有两个：一是第一张卡片的正面朝上时；一是第一张卡片的反面朝上时。但朝下是×的机会，只有当第二张卡片正面朝上的时候，意即只要回答朝上那面的图案，他就有 2/3 的几率胜利。

手表上的谜

开始，乐乐假装深思熟虑，而实际上是随意点了 7 个数字，但是他点的第八个数字必定是 12，第九个数字必定是 11，第十个数字必定是 10，以此沿逆时针方向按顺序点下去，当欣欣念到 20 并喊停时，乐乐点着的必定正好是欣欣最初默认的数字。不信，你不妨自己试试！

中奖的概率

这对情侣有 90 种途径会赢，有 30 种途径会输，因此他们不能赢到这辆汽车的概率是 30/120，即 1/4（25%）。

油桶交易

先从大桶中倒出 5 千克油至 9 千克的桶里，再从大桶倒出 5 千克油至 5 千克的桶里，接着把 5 千克桶的油将 9 千克的桶灌满。现在，大桶有 2 千克油，9 千克的桶已装满，5 千克的桶里有 1 千克油。

之后再将 9 千克桶里的油全部倒回大桶，大桶则有 11 千克油。把 5 千克桶中的 1 千克油倒进 9 千克桶里，再从大桶倒出 5 千克油；现在大桶有 6 千克油，而另外 6 千克油也分按两位主妇所需的成 1 千克和 5 千克两份。

丢掉的袜子

20 只袜子配对一共有 190 种情况。你可以自己来检验：将 1 ~ 20 写在一张纸上。与 1 可以配对的有剩下的 19 个数。然后跳过 1（因为我们已经考虑了所有含有 1 的配对情况）看 2，有 18 种配对情况，因此现在已经有 19 + 18 = 37 种配对情况了。然后再跳过 2 看 3，依此类推，直到数到最后的一对。你会得到下面这个等式：

19 + 18 + 17 + 16 + 15 + 14 + 13 + 12 + 11 + 10 + 9 + 8 + 7 + 6 + 5 + 4 + 3 + 2 + 1 = 190。

20 只袜子配成一双的只有 10 种情况。也就是说，在 190 种可能中，最好的情况只有 10 种，而最差的情况则有 180 种，即最差的情况发生的可能性是最好的情况的 18 倍，这意味着你很可能只剩下 8 双袜子。

奇怪的电梯

可以走遍所有的楼层。最少的步骤是 19 步，顺序如下：

0—8—16—5—13—2—10—18—7—15—4—12—1—9—17—6—14—3—11—19（12 "上"，7 "下"，见下图）。

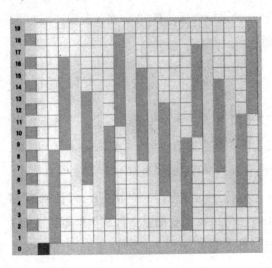

黑暗中的手套

要解答这道题，首先要考虑到拿到的全部都是左手手套或者全部都是右手手套的情况。它们分别都有 14 只。

在这种情况下，如果拿 15 只一定会拿到一双手套。

但是可以做得更好。尽管是在黑暗中，还是能够通过触觉分清左右手套。考虑到最差的情况，可以拿 13 只左手手套或者 13 只右手手套，然后再拿一只另一只手的手套。这样至少会有一对手套。也就是说，一共只需要拿 14 只手套就可以完成任务。

狡猾的罪犯

设 35 秒为一个时间单位。5 道门两次开启的时间分别是 3、2、5、4、1 个时间单位，所以 5 道门同时开启的时间间隔是 60 个时间单位，即 1、2、

3，4 和 5 的最小公倍数。盗窃犯穿过 5 道门的时间最多只允许有 4 个时间单位（2 分 20 秒），否则会惊动警报器。只有在一种情况下盗窃犯才有可能逃脱，就是从第一道门开启算起，按顺序每两道相邻的门之间开启的间隔是一个时间单位。在警卫两次相邻出现的时间间隔内，即 0 和 60 个时间单位之间，5 道门按顺序间隔一个时间单位连续开启的情况只在第 33、34、35、36、37 个时间单位内会出现，它们分别是 3、2、5、4 和 1 的倍数。所以，盗窃犯只要在警卫离开的第 33 个时间单位后穿过第一道门，以后每个时间单位穿过一道门，就能在第 37 个时间单位时逃脱。

凶案发生时间

作案时间是 23 点 5 分。

这是个看起来复杂其实很简单的问题。计算方法很容易，从最快的手表（23 点 15 分）中减去快得最多的时间（10 分钟）就行了。或者将最慢的手表（22 点 40 分）加上慢得最多的时间（25 分钟）也可以得出相同的答案。

礼服和围巾的问题

只需要检查"2 件晚礼服、1 条围巾"的盒子里装的是什么物品，就行了。如果里面装的是 3 件晚礼服，那么"3 条围巾"的盒子里装的就是"2 件晚礼服、1 条围巾"，另一个盒子里装的就是 3 条围巾；如果里面装的是 3 条围巾，那么"3 件晚礼服"的盒子里装的就是"2 件晚礼服、1 条围巾"，那么另一个盒子里装的就是 3 件晚礼服。

超级任务

用大头针穿过火柴，并把火柴固定在软木塞上。把软木塞放到水里后，火柴也不会湿。把火柴点燃，然后把烧杯倒扣在软木塞上，火柴燃烧时把氧气耗光，水就会进入烧杯。

兼职生活

如果按照正常计算，米兰和安瑞分别会卖得 15 元和 10 元，一共是 25

元。当安瑞带 60 只小鸡去集市时，每 5 只小鸡中，2 只是自己的，3 只是米兰的，这样直到把米兰的小鸡卖完。接下来，她开始卖自己剩下的 10 只小鸡。按理说，她自己的 5 只小鸡应该价值 2.5 元，但是，在最后两笔交易中她每次都损失了 5 角。所以，最终少了 1 元。

守财奴

从末尾开始，最小儿子得到的金条数目，应等于儿子的人数。金条余数的 1/7 对他来说是没有份的，因为既然不需要切割，在他之前已经没有剩余的金条了。

接着，第二小的儿子得到的金条，要比儿子人数少 1，并加上金条余数的 1/7。这就是说，最小儿子得到的是这个余数的 6/7。从而可知，最小儿子所得金条数应能被 6 除尽。

假设最小儿子得到了 6 根金条，那就是说，他是第六个儿子，那人一共有 6 个儿子。第五个儿子应得 5 根金条加 7 根金条的 1/7，即应得 6 根金条。

现在，第五、第六两个儿子共得 6 + 6 = 12 根金条，那么第四个儿子分得 4 根金条后，金条的余数是 12/（6/7）= 14，第四个儿子得 4 + 14/7 = 6 根金条。

现在计算第三个儿子分得金条后金条的余数：6 + 6 + 6 即 18 根，是这个余数的 6/7，因此，全余数应是 18/（6/7）= 21。第三个儿子应得 3 + (21/7) = 6 根金条。

用同样方法可知，长子、次子各得 6 根金条。我们的假设得到了证实，答案是共有 6 个儿子，每人分得 6 根金条，金条共有 36 根。

有没有别的答案呢？假设儿子数不是 6，而是 6 的倍数 12。但是，这个假设行不通。6 的下一个倍数 18 也行不通，再往下就不必费脑筋了。

愚蠢的掩盖

指纹是判断案情的重要依据，没有指纹同样是值得怀疑的重要线索。既然遗书是凯文先生在自杀前打的，那么打字机上必然有凯文先生的指纹，可是杰斯为了毁灭证据，擦去了所有的指纹。这样一个微小的线索让警方完全能够判定，凯文先生的死绝不是自杀，而遗书显然也是伪造的。

电话作案

嫌疑犯可以先在老人的电话机上安放一个能使电话线短路的装置。然后，他让老人吃下安眠药，等老人入睡以后，他打开煤气灶的开关，让煤气跑出来，他再乘车到饭店去。

当他估计老人房间里已充满煤气时，就在饭店里打电话到老人家。这时电话机中通过的电流遇到电话线短路，就会溅出火花，引起煤气爆炸。电灯线和电话线不是同一个线路的，尽管电灯停了电，可电话还是通电的。

巧开保险箱

狡猾的厂商代表利用的是热胀冷缩的道理，使沙漏里的沙漏得快。沙漏被放到壁炉旁边以后，受热膨胀，虽然只是微小的变化，但足以让通过小孔的沙子数量增加，从而增加了计时的时间。因此，贝克兰实际用的时间远远小于 9 分钟，他应当得到酬金。

数字类创新能力训练

人类从诞生之日起，就和数字结下了不解之缘，古时的结绳记事是人类利用数字的开始。人类的创新思维活动往往会形成一定的思维定势和心理定势，使大脑思维僵化。数字运算和数字推理类游戏能够有助于打破这种思维心理的定势，使大脑思维得到"软化"，这对于独辟蹊径地解决问题无疑是极有帮助的。

  数字卡片

如图有一张数字卡片，随你任意移动位置，要求摆出一个能被 43 整除的三位数。

难度等级　★★☆☆☆

 等式成立

$62 - 63 = 1$ 是个错误的等式，请移动一个数字使得等式成立。若是移动符号让等式成立，又应该如何移呢?

难度等级　★★☆☆☆

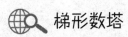 梯形数塔

这是考古学家在埃及金字塔内的壁刻上发现的一个有趣的梯形数塔，其中"?"处所乘的数字相同，而且各行的待加数字也是有一定变化规律的，试着把它填好吧。

$9 \times ? + ? = 88$

$98 \times ? + ? = 888$

$987 \times ? + ? = 8888$

$9876 \times ? + ? = 88888$

$98765 \times ? + ? = 888888$

$987654 \times ? + ? = 8888888$

$9876543 \times ? + ? = 88888888$

$98765432 \times ? + ? = 888888888$

难度等级 ★★★☆☆

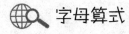 字母算式

图中是一个字母算式。目前只知道 B 是 C 的 3 倍，而且都不等于 0，则 A、B 和 C 的数值分别是多少？

$$\begin{array}{r} A\ B\ A \\ +\ A\ A\ B \\ \hline B\ A\ C \end{array}$$

难度等级 ★★★★☆

数字类创新能力训练

移数字

请移动等式中的一个数字（只能是数字，不能将数字对调，也不能移动符号），使等式成立。

$101 - 102 = 1$

难度等级　★★☆☆☆

 从规律中找到得数

A

$11^2 = 121$

$111^2 = 12321$

$1111^2 = 1234321$

$11111^2 = 123454321$

$111111^2 =$

$1111111^2 =$

$11111111^2 =$

$111111111^2 =$

B

$6^2 = 36$

$66^2 = 4356$

$666^2 = 443556$

$6666^2 = 44435556$

$66666^2 = 4444355556$

$666666^2 = 444443555556$

$6066666^2 =$

$66666666^2 =$

$666666666^2 =$

难度等级　★★☆☆☆

神奇的加号

在 9、8、7、6、5、4、3、2、1 这些数字中间，要怎么用上"＋"号，可以使它们的和等于 99？

在 1、2、3、4、5、6、7 这些数字中间，要怎么用上"＋"号，可以使它们的和等于 100？

难度等级　★★☆☆☆

圆圈填数字

右图中的 9 个圆圈组成 4 个等式，其中 3 个是横式，1 个是竖式。请在圆圈中填入 1～9 的数字，使得其 4 个等式都成立。

注意：1～9 的数字，每格只能填 1 次，即不允许一个数字填 2 次。

难度等级　★★☆☆☆

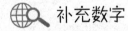

补充数字

在数字圆圈里填什么数？

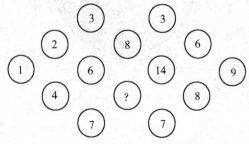

难度等级　★★☆☆☆

和为 18

请将 1~8 这 8 个数字分别填入图中的方格内，使上、下、左、右、中间的方格，以及斜对角的 4 个方格与 4 个角，其相加之和都等于 18。试想该如何填呢？

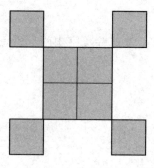

难度等级　★★☆☆☆

该填什么数字

如图所示，请观察其中规律，试在问号处填入正确数字。

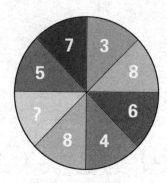

难度等级　★★☆☆☆

奇异的数字

两个朋友在拿计算器玩游戏。

甲说："请你从 1 到 9 的数字中，选择一个你喜欢的数字，输入到计算器上。"

乙说："我选择 6。"

甲说："接下来，你把这个数字乘以 15873，然后再乘以 7。"

乙说："咦，怎么会这样？"

乙计算器上显示的数字会是多少呢？

难度等级　★★★☆☆

奇妙的数

有这样一个奇妙的数，将它乘以 5 后加 6，得出的和再乘以 4，后加 9，然后再乘以 5 得出的结果减去 165，遮住最终结果的最后两位数就能回到最初的数。

你知道这个数是多少吗？

难度等级　★★☆☆☆

有趣的平方

已知：

$1 \times 1 = 1$

$11 \times 11 = 121$

$111 \times 111 = 12321$

$1111 \times 1111 = 1234321$

请问：

$11111 \times 11111 = ?$

数字类创新能力训练

$111111 \times 111111 = ?$

$1111111 \times 1111111 = ?$

$11111111 \times 11111111 = ?$

$111111111 \times 111111111 = ?$

难度等级　★★☆☆☆

 创意的式子

在下面的数字中间，加上加减乘除和括号，使等式成立。

1 2 3 = 1

1 2 3 4 = 1

1 2 3 4 5 = 1

1 2 3 4 5 6 = 1

1 2 3 4 5 6 7 = 1

1 2 3 4 5 6 7 8 = 1

难度等级　★★☆☆☆

有趣的算式

在下面的"2"中间加入加、减、乘、除四种运算符号，使等式成立。

2 2 2 2 2 = 9：

2 2 2 2 2 = 8；

2 2 2 2 2 = 7：

2 2 2 2 2 = 6；

2 2 2 2 2 = 5：

2 2 2 2 2 = 4；

2 2 2 2 2 = 3；

2 2 2 2 2 = 2；

2 2 2 2 2 = 1；

2 2 2 2 2 = 0。

难度等级 ★★★☆☆

🔍 三个数

有三个不是 0 的数，其乘积与相加之和都是相同数字。请问，这三个数分别是多少呢？

难度等级 ★★☆☆☆

🔍 重新排列

如图所示，1～5 的 25 个数字规规矩矩地站在那里，请你将它们打乱，重新排列一下，使纵、横各行数目的和都相等，在同一行中一个数字不得出现 2 次。

难度等级 ★★☆☆☆

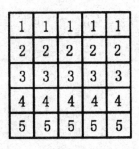

🔍 三重 ABC

下面一个由 A、B、C 组成的等式，A、B、C 分别是 1～9 中的某个整数，那么它们分别相当于哪些数字呢？当然，同一字母只能代表同一数字。

AAA + BBB + CCC = ABBC

难度等级 ★★★☆☆

抢30

有一种叫"抢30"的游戏，游戏规则很简单：两个人轮流报数，第一个人从1开始，按顺序报数，他可以只报1，也可以报1、2。第二个人接着第一个人报的数再报下去，但最多也只能报两个数，而且不能一个数都不报。例如，第一个人报的是1，第二个人可报2，也可报2、3；若第一个人报了1、2，则第二个人可报3，也可报3、4。接下来仍由第一个人接着报，如此轮流下去，谁先报到30谁胜。

甲很大度，每次都让乙先报，但每次都是甲胜。乙觉得其中肯定有什么玄妙，于是坚持要甲先报，结果每次还是甲胜。

你知道甲必胜的策略是什么吗？

难度等级　★★★☆☆

消失的数字

仔细看看如图，想想图中空白的"?"该填什么数字。

难度等级　★★★☆☆

$$
\begin{array}{ccccccc}
 & & & 1 & & & \\
 & & 2 & 2 & & & \\
 & 3 & 3 & 1 & & & \\
4 & 4 & 3 & ? & & & \\
1 & 1 & 4 & 2 & 3 & & \\
2 & 2 & 3 & 4 & 1 & 2 & \\
3 & 4 & 1 & 2 & 3 & 4 & 1 \\
\end{array}
$$

1元钱哪去了

一位老伯伯靠卖蛋营生。他每天卖鸡蛋、鸭蛋各30个，其中鸡蛋每3个卖1元钱，鸭蛋每2个卖1元钱，这样一天可以卖得25元钱。忽然有一天，有一位路人告诉他把鸡蛋和鸭蛋混在一起每 5 个卖 2 元，可以卖得快一些。第二天，老伯伯就尝试着这样做，结果却只得到了 24 元。老伯伯很纳闷，鸡蛋没少怎么钱少了 1 元？这 1 元钱去哪里了呢？

难度等级　★★☆☆☆

旅行花销

A、B、C、D、E、F 6 人想在旅行地将带去的外币用完，所以要买些东西，不巧，钱不够了，于是 A 和 B 凑钱买了 1 件；C、D、E 3 人凑钱买了 2 件与 A、B 同样的东西。5 人的钱都花光了，只有 F 的钱一个子儿也没花，又把它带了回来。当初，6 人所有的钱分别是 15 美元、16 美元、18 美元、19 美元、20 美元、31 美元，但不知谁各有多少。

从这些数字中，你可以推出 F 带了多少钱吗？

难度等级　★★☆☆☆

究竟赚了多少钱

画家甲把他的画卖给了乙，卖了 100 元。

乙把画挂在家中，可是不久，他觉得不喜欢这幅画了，于是又把画卖给了甲，卖了 80 元。几天后，甲将这张画以 90 元卖给了丙。

画家甲很得意，心里盘算着：头一次我卖得 100 元。那正好是我用掉的时间和材料的费用，所以那是对等的买卖。后来，我买它用了 80 元，卖掉又得到 90 元，所以我赚了 10 元钱。

乙的想法却不一样：甲把他的画卖给我，得到 100 元，买回去又花了 80 元，显然赚了 20 元钱。第二次卖多少，我们可以不管，因为 90 元是那张画的价值。

丙把两种算法都颠倒了：甲头一次卖画得 100 元，买回去花 80 元，所以赚了 20 元。从他买画花 80 元，卖画给我要了 90 元来看，他又赚了 10 元

数字类创新能力训练

钱。所以，他总共赚了30元钱。

算一算，甲到底赚了多少钱？10元？20元？还是30元？

难度等级　★★☆☆☆

水多还是白酒多

桌子上放着两个同样大小的杯子，第一个杯子里装着白酒，第二个杯子里装着水，白酒和水一样多。先用小勺从第一个杯子中取出一勺白酒倒入第二个杯子中；把第二个杯子中的液体搅匀后，再从第二个杯子中舀一勺酒和水的混合液体倒回第一个瓶子中。

请问：这时，白酒中的水和水中的白酒，哪一个更多呢？

难度等级　★★★☆☆

算算有几个人

在一间房子里，有几把3条腿的凳子和4条腿的椅子，并且它们都有人坐。如果你数出房间里有39条腿（包括凳子、椅子和人腿），那么是否就有可能算出有几把凳子、几把椅子和几个人呢？

难度等级　★★★☆☆

聪明的海盗

一艘海盗船上有600名海盗。因为暴风雨肆虐，船出了问题，为了减轻船身的压力，海盗首领决定减少船上的人数。他让其余599名海盗站成一排报数，报到奇数的人会被扔下海。有一个聪明的海盗站在了一个最安全的位置上，每一轮数数时，他数出的总是偶数。

你知道他站在哪里吗？

难度等级　★★☆☆☆

🔍 黑夜过桥

漆黑的夜晚，四位旅行者走到一座狭窄而且没有护栏的桥边。如果没有手电筒照路的话，大家是无论如何也不敢过桥的。但很不巧，四个人一共只带了一只手电筒，而桥窄得只够让两个人同时通过。如果各自单独过桥的话，四人所需要的时间分别是3、4、6、9分钟；而如果两人同时过桥，所需要的时间就是走得比较慢的那个人单独行走时所需的时间。你能设计一个方案，让这四人用最短的时间过桥吗？

难度等级　★★☆☆☆

🔍 真假钻石

年事已高的国王想从众多儿子当中挑选继承人。为了考验儿子们的智慧，国王拿出10颗钻石，其中带有标记的一颗才是真钻石。然后将这10颗钻石围成一圈，由大家轮流按规则挑选，即任选一颗为起点，接着按照顺时针的方向数，数到17的时候这颗就被淘汰，依次类推，继续数下去。直到最后只剩下一颗，这样谁得到那颗真钻石，谁就可以做皇位的继承人。

假如你是皇子，你该怎么数才可以得到那颗真钻石呢？

难度等级　★★☆☆☆

🔍 打了几只野兔

一个猎人出去打猎，很晚才回家。他的孩子问他："爸爸，你今天打了几只野兔？"猎人说："打了6只没头的，8只半个的，9只没有尾巴的。"他的孩子很快就猜出了猎人打了几只野兔。那么，你知道是几只野兔吗？

难度等级　★★☆☆☆

🔍 赔了多少钱

一天傍晚，烧鸡店来了一位顾客，拿出 100 元想买一只烧鸡，但烧鸡店老板没有零钱找给他，于是就拿了那张 100 元钱去了隔壁的超市，在那里换了零钱，然后回来。一只烧鸡 12 元，于是老板又找给顾客 88 元钱。

等顾客走了一段时间，超市老板过来，告诉烧鸡店老板刚才和他换的那张钱是假的，所以烧鸡店老板只好拿出一张真钱把假钱换了回来。他感觉今天太倒霉了，赔了这么多钱。

算一算，他一共损失了多少的钱物？

难度等级　★★☆☆☆

🔍 分香蕉

有 A、B、C 三家，商定 9 天之内每家各打扫 3 天卫生。由于 C 家有事，没能打扫成，而由 A 家打扫了 5 天，B 家打扫了 4 天。后来，C 家买来 9 千克香蕉以表示谢意。

请问：按 A 家、B 家所付出的劳动，该怎样分配这 9 千克香蕉呢？

难度等级　★★☆☆☆

🔍 分金条

一位雇主让工人为他工作 7 天，给工人的回报是 1 根金条。

金条被平分成相连的 7 段，他必须在每天结束时给工人 1 段金条，如果只许他 2 次把金条弄断，请问他该如何给工人付费？

提升指数：★★☆☆☆

🔍 闹钟的时间

有一个闹钟的时间不准确，每小时总是慢 5 分钟。在 4 点的时候，用它和标准的时间对准。那么，当标准时间到了什么的时候，这只闹钟的指针才能指到 12 点？

难度等级　★★☆☆☆

🔍 点头的次数

在日本的一家公司，一共有 10 名女员工和 10 名男员工，还有一名领导。公司规定，每天上午上班时，每位员工必须向其他员工和领导点头敬礼一次。

那么，这个公司每天上午所有人共计要点头多少次呢？

难度等级　★★☆☆☆

🔍 蚂蚁调兵

一只蚂蚁发现了一条死虫子，立刻回窝唤来 10 个伙伴，还是搬不动虫子。这些蚂蚁全部回窝又各召来 10 个伙伴，还是没有搬动。蚂蚁们又全部回家各自又搬来 10 个兵，还是没有搬动。蚂蚁们坚定不移，又各自回去搬兵，每只招来 10 个，终于把虫子拉回了家。请问：一共出动了多少蚂蚁？

难度等级　★★★☆☆

🔍 猫狗百米赛跑

猫和狗举行百米赛跑，乌龟当裁判。当狗到达终点的时候，猫才跑了 90 米。为了照顾猫的心情，乌龟决定第二次赛跑时，把狗的起跑线往后延

数字类创新能力训练

长 10 米。那么，这次猫和狗可以同时到达终点吗？

难度等级　★★☆☆☆

 ## 淘金者的时间

一个淘金者在回家的途中迷失在沼泽地中，他的两只手表的时间都不准确了，他不知道确切的时间，只好漫无目的地走着。后来他发现，他的一只手表比另一只手表每小时慢了 3 分钟。当他走了很久，再看手表的时候，走得快的手表比走得慢的手表整整超前了 3 个小时。试问，他从第一次看表到现在走了多少时间了？

难度等级　★★☆☆☆

解密码

小偷意外地偷到了一个保险箱，他猜想里面一定有很多钱，可是不知道密码，怎么打开呢？

他看着这个保险箱。密码锁上有 5 个铁圈，每个圈上有 24 个英文字母，只要把 5 个圈上的字母对得与密码相符就行了。他想，干脆自己一个一个对，肯定能把这个保险箱打开。

如果靠小偷的这种方法，这个小偷至少要多长时间才能打开这个保险箱？

难度等级　★★★☆☆

分苹果

大明、老张、小李三个好伙伴在城里打工，年底合买了一堆苹果准备给家人带回去，然后三人都躺下睡起觉来。过了一会儿大明先醒来，看看另两人还在睡觉，便自作主张将地上的苹果分成 3 份，发现还多 1 个，就把那个苹果吃了，然后拿着自己的那份走了。老张第二个醒来，说道："怎么大明没拿苹果就走了？不管他，我把苹果分一下。"于是也将苹果分成 3 份，发现也多 1 个，也把多的苹果给吃了，拿着自己那份走了。小李最后一个醒来，奇怪两个伙伴怎么都没拿苹果就走了。于是又将剩下的苹果分成 3 份，发现也多 1 个，便也把它吃了，拿着自己那份回家了。

请问：一开始最少有多少个苹果？

难度等级　★★☆☆☆

🔍 天平分糖

一台没有重量刻度的盘式天平，只有 7 千克和 2 千克的砝码各一个。

使用 3 次天平，怎样把 140 千克的糖分成 2 份，一份 90 千克，一份 50 千克呢？

难度等级　★★☆☆☆

🔍 糖果的数量

在过年的时候，哥哥和弟弟都得到了很多糖果。数过糖果后，哥哥对弟弟说："如果你把你的糖果给我 10 颗，那么我的总糖果数量将是你的 2 倍；如果我把我的糖果给你 10 颗，那么我们的糖果数量将是相等的。"

那么，哥哥和弟弟分别有多少糖果？

难度等级　★★☆☆☆

🔍 有趣的棋盘

如图是一个棋盘，并放有 6 颗棋子，请于棋盘上再放 8 颗棋子，使得符合以下条件：

1. 每条横线与直线上都有 3 颗棋子。

数字类创新能力训练

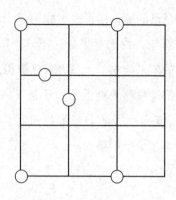

2. 9 个小方格的边上都各有 3 颗棋子。

难度等级 ★★★☆☆

母鸡下蛋

一只母鸡想使格子中的横行、竖列和斜线的下蛋数量不超过 2 颗。图中已有 2 颗鸡蛋，因而不能在这条对角线下蛋。请于图中标注母鸡最多能在格子里下多少颗蛋。

难度等级 ★★☆☆☆

🔍 分钥匙

甲、乙、丙三个人分别看管 3 个仓库，每个仓库的门锁都有 2 把钥匙。如何分配仓库的钥匙才能保证甲、乙、丙三个人随时都能进入每个仓库？

难度等级　★★☆☆☆

🔍 二马三牛四羊

今有 2 匹马、3 头牛和 4 只羊，它们各自的总价都不满 1 万文钱。如果 2 匹马加上 1 头牛，或者 3 头牛加上 1 只羊，或者 4 只羊加上 1 匹马，那么它们各自的总价都正好是 1 万文钱了。问：马、牛、羊的单价各是多少文钱？

难度等级　★★★☆☆

🔍 按时归队

三个士兵请假出去玩，按照规定，他们必须在晚上 11 点之前赶回兵营。可是，他们玩得太高兴了，忘记了时间。当他们想要往回赶的时候，已经是晚上 10 点零 8 分了，这时他们离兵营还有 10 千米的距离。如果跑着回去，需要 1 小时 30 分钟；如果骑自行车回去，需要 30 分钟。但他们只有一辆自行车，并且自行车只能带上一个人，所以必须有一个人要跑着回去。

请问：他们能全部及时赶回去吗？

难度等级　★★☆☆☆

🔍 加里时大钟

重达 3 吨的加里时大钟将在普尔斯城进行展览，这个罕有的家伙在此次展览会上大放异彩。这个大钟既可以为 13 座城市报时，也可以体现季节的

数字类创新能力训练

变迁，还可以显示太阳周围的行星运行的轨迹。这个大钟的出现，也引发了人们如下的疑问：从午夜到正午时分，大钟的时针和分针相遇（重合）了多少次？

难度等级　★★☆☆☆

露西小姐的年龄

农场主杰克和他太太每隔一年半就生一个孩子，他们一共生了 15 个孩子。大女儿露西说，她的年龄是这群孩子中最小的弟弟麦迪的 8 倍。试求露西小姐的年龄。

难度等级　★★☆☆☆

自作聪明的盗墓者

一天，一个被警察追踪多年的盗墓者突然前来自首。他声称他偷来的 100 块壁画被他的 25 个手下偷走了。他说，这些人中最少的偷走了 1 块，最多的偷走了 9 块。他记不清这 25 人各自偷了多少块壁画，但可以肯定的是，他们都偷走了单数块壁画，没有人偷走双数块。他为警方提供了 25 个人的名字，条件是不要责罚他。警察答应了。但是，当天下午，警长就下令将自首的盗墓者抓了起来。你知道这是为什么吗？

难度等级　★★☆☆☆

身份验证

"我毕业于一所政法大学，我的同学（包括我在内）不是做了法官就是做了律师。一次同学聚会时，有 16 位同学出席。我统计了一下当时的情况：（1）律师多于法官；（2）男法官多于男律师；（3）男律师多于女律师；（4）至少有一位女法官来参加了聚会。有趣的是，如果不把我计算在内，上述情况也不会发生任何变化。现在请你猜猜看：我的职业和性别分别是什么？"

难度等级　★★★☆☆

🔍 正确时间

"早上好，长官。"麦尔先生说，"您能告诉我现在几点了吗？""当然可以。"麦克西警官回答。他在警察队伍里以精通数学而闻名。"从午夜到现在这段时间的1/4，加上从现在到午夜这段时间的一半，就会告诉你正确的时间。"

你能算出这段令人费解的对话发生时的确切时间吗？

难度等级　★★☆☆☆

数字类创新能力训练

答案及解析

数字卡片

129，把 6 变成 9。

等式成立

（1）把 62 移动成 2 的 6 次方：$2^6 - 63 = 1$。

（2）将"–"与"="对调，使等式成为 $62 = 63 - 1$。

梯形数塔

各行所乘的数是 9，各行待加的数字分别为 7、6、5、4、3、2、1、0。

字母算式

依题意得 $3C = B$，且其值不会超过 10，B 大于 C，因此 C 小于 4。而根据图中直式得 C = 3，进而解出 A = 4，B = 9。

移数字

将 102 改为 10 的 2 次方。

从规律中找到得数

由观察可知，A 中的 $11^2 = 121$，$111^2 = 12321$，$1111^2 = 1234321$……据此类推，就可以得出：

$111111^2 = 12345654321$

$1111111^2 = 1234567654321$

$11111111^2 = 123456787654321$

$111111111^2 = 12345678987654321$

青少年最爱玩的创新力思维游戏

同理，B 中的结果为：

$$6666666^2 = 44444435555556$$

$$66666666^2 = 4444444355555556$$

$$666666666^2 = 44444443555555556$$

神奇的加号

① $9 + 8 + 7 + 65 + 4 + 3 + 2 + 1 = 99$；$9 + 8 + 7 + 6 + 5 + 43 + 21 = 99$

② $1 + 2 + 34 + 56 + 7 = 100$；$1 + 23 + 4 + 5 + 67 = 100$

圆圈填数字

$$⑨ - ⑤ = ④$$
$$×$$
$$⑥ ÷ ③ = ②$$
$$\parallel$$
$$① + ⑦ = ⑧$$

补充数字

? $= 12$。

图形中左侧的 $1 + 2 + 3$ 与 $4 + 6 + 8 + 3$ 相差 15，右侧的 $3 + 6 + 9$ 与 $3 + 8 + 14 + 8$ 相差 15，所以 $1 + 4 + 7$ 与 $2 + 6 + ? + 7$ 也应相差 15，$7 + 8 + 9$ 与 $6 + 14 + ? + 7$ 也相差 15。

和为 18

该填什么数字

3。互为对角的数字之和等于 11。

奇异的数字

会显示 "666666"，其实诀窍就在于 $15873 \times 7 = 111111$。

奇妙的数

任何数。用这个奇妙的组合算式计算出来的结果遮住后面的 "00"，得到的永远都是最初的数。

有趣的平方

仔细观察这些数字，你就会发现规律：

$11111 \times 11111 = 123454321$

$111111 \times 111111 = 12345654321$

$1111111 \times 1111111 = 1234567654321$

$11111111 \times 11111111 = 123456787654321$

$111111111 \times 111111111 = 12345678987654321$

创意的式子

$(1+2) \div 3 = 1$

$1 \times 2 + 3 - 4 = 1$

$[(1+2) \div 3 + 4] \div 5 = 1$

$(1 \times 2 + 3 - 4 + 5) \div 6 = 1$

$\{[(1+2) \div 3 + 4] \div 5 + 6\} \div 7 = 1$

$[(1 \times 2 + 3 - 4 + 5) \div 6 + 7] \div 8 = 1$

有趣的算式

$2 \div 2 + 2 \times 2 \times 2 = 9$；$2 - 2 + 2 \times 2 \times 2 = 8$；$2 \times 2 \times 2 - 2 \div 2 = 7$；$2 - 2 +$

$2+2+2=6$；$2+2+2-2\div2=5$；$2\times2\times2-2-2=4$；$2\div2+2+2-2=3$；

$2+2+2-2-2=2$；$2-2+2-2\div2=1$；$2-2\div22\div2=0$。

三个数

分别是1、2、3。$1\times2\times3=6$；$1+2+3=6$。

重新排列

如图：

2	5	4	3	1
5	4	3	1	2
4	1	5	2	3
1	3	2	5	4
3	2	1	4	5

三重 ABC

$111+999+888=1998$。

先看个位数，$A+B+C$ 的结果个位为 C，就是说 $A+B=10$，并且 A 不能大于 3（因为 AAA，BBB，CCC 的哪一个都不满 1000，所以它们的和不可能到 3000），所以 A 是 1 或 2，那么，B 是 9 或 8，然后加入等式看看：

$111+999+CCC=1110+CCC=199C$

看百位和十位，因为 $1+C=9$，所以 $C=8$，

$1110+888=1998$（成立）

$222+888+CCC=1110+CCC=288C$

看千位，因为是 2，所以 C 只能是 9，$1110+999=2109$（$\neq2889$）。

抢30

甲的策略其实很简单：他总是报到 3 的倍数为止。如果乙先报，根据游戏规定，他或报 1，或报 1、2。若乙报 1，则甲就报 2、3；若乙报 1、2，甲

数字类创新能力训练

就报 3。接下来，乙从 4 开始报，而甲视乙的情况，总是报到 6 为止。依此类推，甲总能使自己报到 3 的倍数为止。由于 30 是 3 的倍数，所以甲总能报到 30。

消失的数字

这个数字是 4。这些数字的排列顺序自最顶端一开始是 1，接下来向下排列并按照逆时针旋转一圈依次是 2 – 3 – 4，然后以此顺序排列。

1 元钱哪去了

原来 1 个鸡蛋可以卖得 1/3 元，1 个鸭蛋可以卖得 1/2 元，但是混着卖之后平均 1 个鸭蛋或者鸡蛋都卖得 2/5 元钱。因为（1/2 + 1/3） – 2×2/5 = 5/6 – 4/5 = 1/30。

那么，混卖后的所得就减少了 30×1/30 = 1（元）。

旅行花销

20 美元。总之，5 个人买了 3 件相同的东西，因此，买东西的 5 个人所带的外币之和能被 3 整除。这样就好办了，6 个人所带外币总数为 15 + 16 + 18 + 19 + 20 + 31 = 119（元），显然，只有在减去 20 的情况下，余数才能被 3 整除。

究竟赚了多少钱

不可能说出画家"实赚"多少，因为问题的陈述中没有说那幅画原来的"成本"是多少。我们且不管画家作画耗费时间所付出的代价，而只假定说他作画时使用的材料，如画架、画布和颜料等总共花费了 20 元。经过三次倒卖之后，画家得了 110 元。如果我们把"实赚"定义为他的材料用费与他最后得到的钱数之差的话，那么他赚了 90 元。

由于我们不知道材料的成本费是多少（我们只是假定了一个数值），故无法计算实际赚钱究竟是多少。这个问题看起来是一个算术问题，但实际上它是关于"实赚"的意思是什么的争论。

水多还是白酒多

一样多。

因为两次从两个杯子中舀出的液体体积一样，所以都设为 X。假设从第二个杯子中舀出的混合液中白酒所占体积为 Y，那么，倒入第一个杯子中的水的体积为 X – Y。因为第一次倒入水中的白酒体积为 X，第二次倒回白酒杯子中的白酒是 Y，所以留在水杯中的白酒体积为 X – Y。所以，白酒中的水和水中的白酒一样多。

算算有几个人

是可以算出来的。有一个唯一的解法：

你只要记住，每条腿都数过了——凳子腿、椅子的腿和人的腿！

这样，对于每把有人坐的凳子，有 5 条腿（三条凳子腿和两条人腿）。而每把有人坐的椅子都有 6 条腿。所以，5 ×（凳子数）+6 ×（椅子数）=39。

由此就很容易解出来了。最后算出有 3 把凳子、4 把椅子和 7 个人。

聪明的海盗

512 位。第一轮中被扔下船的人为 1、3、5……599，第二轮中被扔下船的就是原来报 2、6、10……598 的人，依此类推，最后剩下 512。其实，只要选择小于 600 的、最大的 2 的 n 次方即可得出答案。这种类型的题，不论题中给出的总数是多少，小于或等于总数的 2 的 n 次方的最大值就是最后剩下的数。

黑夜过桥

假设这四人分别为甲、乙、丙、丁。

甲、乙一起过桥用 4 分钟；

数字类创新能力训练

乙留在桥那边，甲返回用 3 分钟；

丙、丁一起过桥用 9 分钟；

留在桥那边的乙返回用 4 分钟；

甲、乙一起过桥用 4 分钟。

一共是 4 + 3 + 9 + 4 + 4 = 24 分钟。

你把所有可能的方案都列举一遍，就会发现这是最快的方案了。其实不用列举对比，掌握了方法就可以马上设计出最佳方案。解决这个问题的思路是：应该让两个走得最慢的人同时过桥，这样他们花去的时间只是走得最慢的那个人花的时间，而走得次慢的那个就不用另花时间过桥了。

真假钻石

这里有一个规律：无论从哪一颗钻石开始数起，每次拿走第 17 颗，依此进行，最后剩下来的，必然是最初开始数的第 3 颗钻石。

打了几只野兔

一个都没打到。仔细想想，不难想到，6 去头，8 去半个，9 去尾，不都是 0 吗。

赔了多少钱

他损失的钱物是 100 元。这个问题的特点是不要把它想得太复杂了。

分香蕉

A 家得 6 千克，B 家得 3 千克。

A、B、C 三家对打扫卫生的分工关系是每家各打扫 3 天，A 与 C 的关系是帮助 2 天与被帮助 2 天的关系；B 与 C 的关系是帮助 1 天与被帮助 1 天的关系。要注意，不要把 A、B 两家自己所应扫的 3 天重复计算在内。这样，C 对 A、B 的报酬就只能按 2∶1 的比例划分，而不是按 5∶4 的比例划分。所以，A 应得 6 千克，B 应得 3 千克。

分金条

因为只允许 2 次弄断金条，那么我们先看看该怎么分才合理。

首先，由于是分 2 次弄断，就说明该金条被分成了 3 份。在分的过程中，我们要考虑到必须每天结束时给工人一段，那么第一天应得的是 1/7，所以其中一份必须是 1/7。

然后，我们考虑一下，剩下的 6/7 我们该怎么分成 2 份，第二天工人也应该得到 1/7，两天他一共得到了 2/7。这时候，我们有 2 种分法：①第二天再给工人 1/7；②给工人 2/7，让工人找回 1/7。

显然第一种方法行不通，因为剩下的是 5/7，到第三天就没有办法了。所以，第二种方法可取，那么剩下的是 4/7，到第三天时，可以再给他 1/7，加上原先的 2/7 就是 3/7；第 4 天给他那块 4/7，让他找回那两块 1/7 和 2/7 的金条；第 5 天，再给他 1/7；第 6 天给他 2/7，让他找回 1/7，和第 2 天一样；最后一天给他找回的那个 1/7，就可以了。

闹钟的时间

标准时间 12 点 40 分。

从 4 点到 12 点中间有 8 个小时，就是有 8×60 分钟 =480 分钟，而这只闹钟要走的时间是 8×65 分钟 =520 分钟，所以，只有在标准时间 12 点 40 分时，这只闹钟才能走到 12 点。

点头的次数

共计 400 次，男员工之间点头 90 次，女员工之间点头 90 次，男员工和女员工之间点头 200 次，员工向领导点头 20 次。题目中，只说员工向领导点头致敬，并没有说领导也要点头。

蚂蚁调兵

14641 只。

数字类创新能力训练

第一次：$1 + 10 = 11$ （只）

第二次：$11 + 11 \times 10 = 121$ （只）

第三次：$121 + 121 \times 10 = 1331$ （只）

第四次：$1331 + 1331 \times 10 = 14641$ （只）

猫狗百米赛跑

还是不能同时到达终点。按照猫和狗速度的比例，第二场狗到达终点时，猫还距离终点 1 米。

淘金者的时间

一只手表比另一只手表每小时快 3 分钟，所以经过 60 小时之后，它们的时间差为 3 小时。

解密码

不吃、不喝、不睡至少需要 276.5 天。

这是个排列组合题，5 个圈上的字母全部组合一遍，次数是 24^5，即 7962624 次，最快的操作以每次 3 秒钟计算，也需要 276.5 天。

分苹果

一开始最少有 25 个苹果。解题方法却是倒过来的。

（1）假定最后剩下的 2 份为 2 个，即每份 1 个，则在小李醒来时共有 4 个苹果，在老张醒来时有 7 个苹果，而 7 个苹果不能构成 2 份，与题意不符。

（2）假定最后剩下的 2 份为 4 个，即每份 2 个，则在小李醒来时共有 7 个苹果，也与题意不符合。

（3）假定最后剩下的 2 份为 6 个，即每份 3 个，则在小李醒来时共有 10 个苹果，在老张醒来时有 16 个苹果，而大明分出的 3 份苹果中，每份有 8 个苹果。

天平分糖

很明显，7 千克和 2 千克的砝码正常使用是无法按要求把糖分开的，要抓住盘式天平能等分物品的特性，予以利用。

这道题有多种分法，下面仅单一例：第一次把糖对半分开，每盘分别为 70 千克。第二次和第一次的分法一样，将第一次分开的两盘之中的一盘，即 70 千克，对半分开，每盘分别为 35 千克。第三次将 7 千克和 2 千克的砝码分别放到天平的两个盘上，同时把 35 千克的糖也分开，放入两个盘里，使天平平衡，此时两盘里的重量（包括砝码）分别是 22 千克。这样，去掉砝码后，一盘里的糖是 20 千克，另一盘里的糖是 15 千克。再把这 15 千克的糖放到第二次称出的另一份 35 千克的糖中，变成了 50 千克，剩下的自然是 90 千克了。

糖果的数量

哥哥有糖果 70 颗，弟弟有糖果 50 颗。

从"如果我把我的糖果给你 10 颗，那么我们的糖果数量将是相等的"可以看出哥哥比弟弟多了 20 颗糖果。

又有哥哥的话"如果你把你的糖果给我 10 颗，那么我的总糖果数量将是你的 2 倍"可以看出，在这种情况下，弟弟再给哥哥 10 颗糖果，哥哥的糖果的数量比弟弟多了 30 颗，而这时弟弟的糖果比原来少了 10 颗，所以此时哥哥的糖果实际是多了 40 颗，此时哥哥的糖果数量是弟弟的 2 倍，那么这多了的 40 颗就是其中的一倍。

因此可以知道弟弟的原来糖果数量是：40 + 10 = 50（颗）。

所以哥哥的糖果数量是：50 + 20 = 70（颗）。

有趣的棋盘

如图所示。

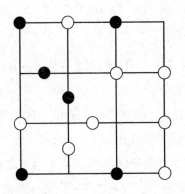

母鸡下蛋

母鸡能在格子里下 12 颗蛋。

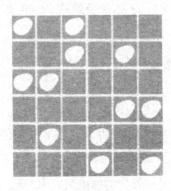

分钥匙

把三个仓库分别命名为 A、B、C。甲、乙、丙分别拿一个房间的钥匙，再把剩下的钥匙这样安排：A 仓库内挂 B 仓库的钥匙，B 仓库内挂 C 仓库的钥匙，C 仓库内挂 A 仓库的钥匙。这样，无论谁先到，都能凭着自己保管的那把钥匙获取进入其他仓库的钥匙。

二马三牛四羊

根据条件，可列出如下三个含有文字的等式：

2 马 +1 牛 = 10000 文 ①

3 牛 +1 羊 = 10000 文 ②

4 羊 +1 马 = 10000 文 ③

①式和②式等号两边分别相加，等式仍成立：

2 马 +4 牛 +1 羊 = 20000 ④

同样，②式 +③式，得：

1 马 +3 牛 +5 羊 = 20000 ⑤

把⑤式等号两边各乘以2，减去④式。得：

2 牛 +9 羊 = 20000 ⑥

仔细观察②式与⑥式，如果将②式乘以9，减去⑥式，就得：

25 牛 = 70000

于是可得：

牛 = 70000 ÷ 25 = 2800（文）

把每头牛的价格代入①式，可得每匹马是 3600 文，从而得每只羊价 1600 文。

按时归队

答案是肯定的，他们是能够按时归队的。

首先，让士兵甲跑步前进，士兵乙骑车带着士兵丙。士兵乙骑到全程 2/3 处停下，放下士兵丙，再骑车回去接士兵甲，士兵丙开始跑步往营地赶。士兵乙会在全程 1/3 处接到士兵甲，然后他们骑着车子往营地赶。用这种方法，他们共需用时 50 分钟，最终可以提前 2 分钟赶回去。

加里时大钟

11 次。时针和分针在每个小时里相遇的时间会比前一个小时晚大约 5 分钟。从午夜开始计算，两个指针会在以下时间相遇：1：05；2：10；3：16；4：21；5：27；6：32；7：38；8：43；9：49；10：54；12：00。

露西小姐的年龄

露西小姐 24 岁，她的小弟弟麦迪因此只有 3 岁。

自作聪明的盗墓者

盗墓者在说谎。假如100这个数可以分成25个单数的话，那么就是说奇数个单数的和等于100，即等于双数了，而这显然是不可能的。

事实上，这里共有12对单数，另外还有一个单数。每一对单数的和是双数——12对单数相加，它们的和也是双数，再加上一个单数，不可能是双数。因此，100块壁画分给25个人，每个人都不分到双数是不可能的。显然，自首的盗墓者说了谎话。

身份验证

由于法官和律师的总数是16名，从（1）和（4）得知，律师至少9名，男法官最多6名。根据（2）得知男律师必定少于6名。根据（3）得知女律师少于男律师，所以男律师必定超过4名。因此，男律师正好是5名。由于男律师多于女律师，且律师总数不少于9名，所以有4名女律师、5名男律师。又因为男法官不能少于男律师，则男法官正好6名，这样还有一位就是女法官。因此16人中有6位男法官、5位男律师、1位女法官和4位女律师。如果说话的人是男法官，也就是说少一名男法官，则陈述（2）就错误；如果说话的人是男律师，也就是说少一名男律师，则陈述（3）就错误；如果说话的人是女法官，也就是说少一名女法官，则陈述（4）就错误。如果说话的人是女律师，也就是说少一名女律师，则4种陈述仍然成立。所以，说话的人是一名女律师。

正确时间

这段对话发生在上午9：36，因为从午夜到这时的1/4是2小时24分，加上从这时到午夜的时间的一半（7小时12分），就得到9：36。

麦尔向麦克西问早安，从这件事可以看出他们对话发生在上午。如果不考虑这一点，也可以设想时间是在下午，那么，下午7：12同样是一个正确的答案。

该题可以通过一元方程来求得答案。

设现在的时间为 x 小时，则根据题中已知条件可以列出如下方程：$\dfrac{x}{4}+$

$\dfrac{24-x}{2}=x$。

其解为 $x=9\dfrac{3}{5}$。换算为时刻则为 9：36。

数字类创新能力训练

几何类创新能力训练

由于人类生产和生活的需要，产生了几何学。随着人类社会的不断发展，人们对物体的形状、大小和相互之间的位置关系的认识愈来愈丰富，逐渐地积累起了较丰富的几何学知识。

几何是一门系统性和抽象性都很强的学科。合理地利用几何学训练形象思维，可以变枯燥为生动，变抽象为具体，使人们做出正确的判断，有助于反映和认识世界。

 火柴游戏

这是用 20 根火柴摆成的图形，要求只能移动其中的 4 根火柴，使它变成 3 个形状相同，面积也一样的图形。

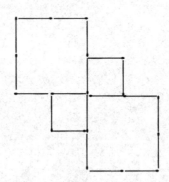

难度等级　★★☆☆☆

变三角形

把如图中移动 4 根火柴棍，把正三角形变成 5 个。

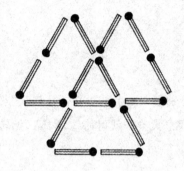

难度等级　★★☆☆☆

多变少

怎样将 8 根火柴棍组成的 10，移动一根变成 2？

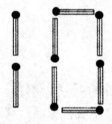

难度等级　★★☆☆☆

1 个变 3 个

6 根火柴棍围成 1 个长方形，你能添加 3 根火柴棍，变成 3 个正方形吗？

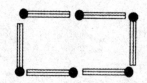

难度等级 ★★☆☆☆

倒转酒杯

用4根火柴可以分别摆成两个小"酒杯"样。"杯"中放个硬币。不论哪只酒杯，只要移动两根火柴，就可使"酒杯"倒转过来，并且使硬币放在"杯"旁。试试看。

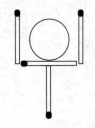

倒转
酒杯

难度等级 ★★★☆☆

三分天下

英、美、法3国各派一名探险家环球航行，探险家经过千辛万苦，终于找到一个形状奇特的岛屿。3名探险家经过商量，决定3国平分这块土地，但怎样才能公平地分割这一土地呢？他们向大科学家爱因斯坦请教。爱因斯坦一笑："太简单了，你们看，应该这样分。"三人一齐点头称对。

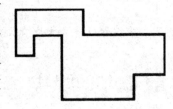

你知道爱因斯坦是怎样巧分土地的吗？

难度等级 ★★★☆☆

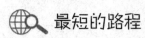 最短的路程

下图是一个正方体。一只蚂蚁要从 A 点爬到 G 点，应该怎样爬，路程才最短？

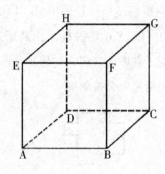

难度等级 ★★☆☆☆

等分方孔图

将以下图形分为大小和形状均相同的 6 等份。

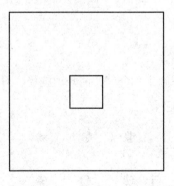

难度等级 ★★☆☆☆

几何类创新能力训练

高斯解题

数学家高斯因其杰出贡献而被誉为"数学王子",但并不是所有的人都对他能得到这一殊荣而心悦诚服。有一天,一个自诩为天才的傲慢青年来找高斯,企图出一道难题难倒高斯,让他出丑,以夺过"数学王子"的桂冠。他拿出 A、B、C、D、E、F 6 块拼板,让高斯选出 2 块拼成上面的图形。高斯一眼扫去便发现了其中的诀窍,并想出了 3 种拼法。那青年自知冒失,便灰溜溜地走了。高斯是怎么拼的呢?

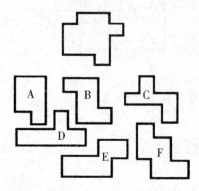

难度等级　★★★☆☆

九个点

在黑板上依照下图画出 9 个点,请开动脑筋,只用 4 条相接的直线(一笔),将这 9 个点连接起来。

● ● ●

● ● ●

● ● ●

难度等级　★★★☆☆

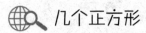 几个正方形

如果在如图所示的 16 个点间连线，最多能连成几个正方形？

难度等级　★★☆☆☆

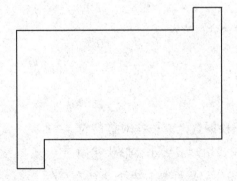组成矩形

如图有两个突出的部分，你能否将它分割成两个部分后再重新组合成一个完整的矩形呢？

难度等级　★★☆☆☆

找规律，选图形

请按照图形的规律，从选项中选出正确的答案。

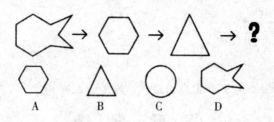

难度等级 ★★☆☆☆

 拼图游戏

如果将零散的部分拼成示例图，哪一部分是多余的呢？

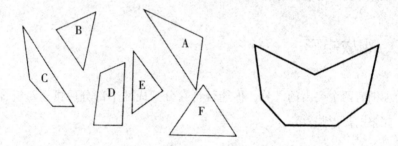

难度等级 ★★☆☆☆

 分割铜钱

如图所示，一枚铜钱上有一些对称的符号。现在需要将铜钱切割成大小、形状相同的四部分，且每部分都恰好带有一个"○"和一个"△"。

请问：怎样切割才符合要求呢？

难度等级 ★★☆☆☆

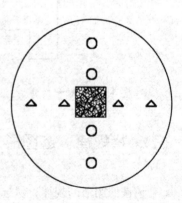

消失的正方形

美国一位魔术师发现一个非常奇怪的现象：一个正方形被分割成几小块后，当重新组合成一个同样大小的正方形时，中间却出现一个洞！

他把一张方格纸贴在纸板上，按图1画出正方形，接着沿图标的直线切成5种形状。当他按照图2的排法将此5小块拼成正方形时，中间果真出现一个洞！

图1中的正方形由49个小正方形组成，图2中的正方形却只有48个。究竟出了什么问题？消失的小正方形到底在哪儿呢？

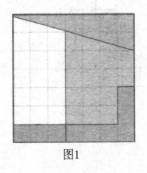

图1   图2

难度等级　★★★☆☆

 纸环想象

用两条宽度和长度相同的纸带做成两个圆环。把这两个圆环相互粘在一起，然后沿虚线剪开来，如图所示。

请问：剪开之后的形状是什么样子？

难度等级　★★★☆☆

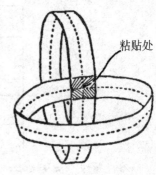

粘贴处

几何类创新能力训练

 替代图

看下面的示例图，不用 B 就可以把这个正方形组合起来。还有一种情况，用 B 而不用另一个也能组合成示例图的样子，请问是哪一个呢？

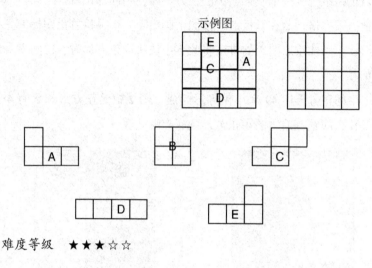

难度等级　★★★☆☆

 棋　盘

将图中的图形分别填入下面的棋盘中，且每行与每列中的图形都不得重复，该怎样做呢？

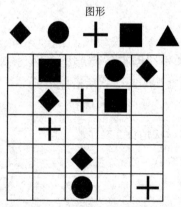

难度等级　★★★☆☆

小·纸盒

哪一个纸盒组合后会与右上图的图形相同呢？

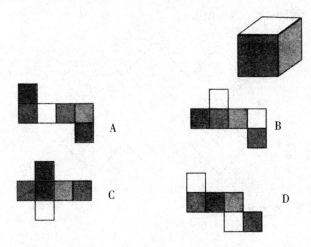

难度等级 ★★☆☆☆

14 个正三角形

如图所示，有 4 个正三角形，能否再添加一个正三角形，使其变成 14 个正三角形呢？

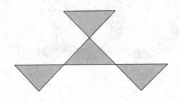

难度等级 ★★☆☆☆

几何类创新能力训练

奇形怪状的木板

有一块形状特别的木板，如图所示。现将它拼成一个正方形，但前提是只能用锯子锯两次。该如何做？

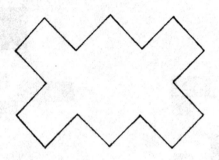

难度等级　★★★☆☆

开环接金链

3个环相连着的金链共有四组，要设法将它们连成一条金链圈，至少要打开几个环呢？

难度等级　★★☆☆☆

填色游戏

将这些圆形分别填上红、黄、蓝和绿色，使得：

1. 每种颜色的圆形至少3个。

2. 每个绿色圆形都正好和3个红色圆形相接。

3. 每个蓝色圆形都正好和 2 个黄色圆形相接。

4. 每个黄色圆形都至少各有一处分别与红色、绿色和蓝色圆形相接。

难度等级　★★☆☆☆

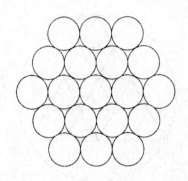

角度排列

在不使用量角器等工具的情况下，图中哪一个角最大？哪一个角最小？请从小到大按顺序排列。

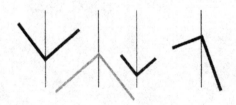

难度等级　★★☆☆☆

复杂的碑文符号

考古人员在希腊进行发掘工作时，使一批奇异的古代遗迹重见天日。他们发现很多纪念碑的碑文上反复出现如图这个由圆和三角形组成的符号。

这个图可以一笔画出，线条都不重复地画过 2 次以上。不过，如果采取那种更为一般的，允许同一线条可以随意重复画过的画法，只是要求用尽可能少的转折一笔画出这个图形，它无疑会成为很好的一道趣味题。你知道怎么画吗？

难度等级　★★★☆☆

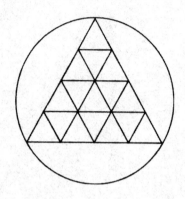

青少年最爱玩的创新力思维游戏

火柴游戏

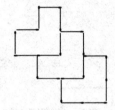

变三角形

如图所示。

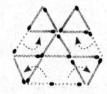

多变少

如图所示，只要将图转90度就可以很容易得出答案了。

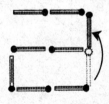

1个变3个

利用3根火柴棒将长方形分成4等分就可以做出3个正方形。

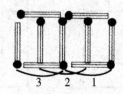

几何类创新能力训练

倒转酒杯

三分天下

如下图所示。爱因斯坦把它分成了 3 个完全一样的"桥形"。

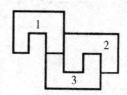

最短的路程

从 A 点爬到 EF 的中点 M，再从 M 爬到 G 点。

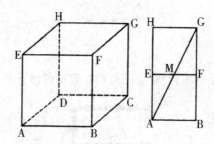

等分方孔图

有两种方法，如图：

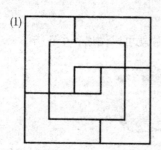

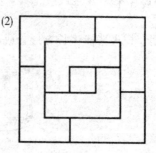

高斯解题

如图所示，共有 3 种拼法，其中 A、B、D、F 四块要翻过来用。

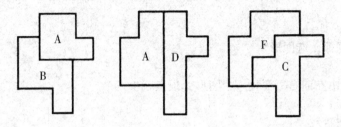

九个点

如图所示。

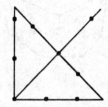

几个正方形

最多可连成 20 个正方形。

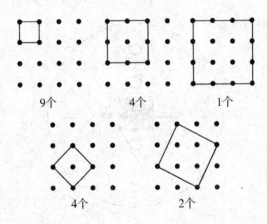

9个　　　　　4个　　　　　1个

4个　　　　　2个

组成矩形

沿着画线进行切割。

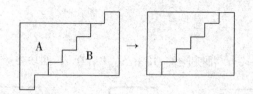

找规律，选图形

C。由左向右每变化一个图形，顶点就少三个。

拼图游戏

F。

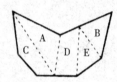

分割铜钱

铜钱上的孔为正方形，将铜钱切割成四块，每块应占有该正方形的一个边。围绕这个中心思考，才能找到解决问题的途径。可按下图中虚线所示进行切割。

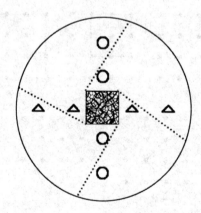

消失的正方形

图1切割的5块图形中最大两块对换位置后，被那条对角线切开的每个

小正方形都变得高比宽大了一点。这意味着此块大正方形不再是正统的正方形。它的高增加，使得面积也随之变大，而所增加的面积恰好等于空白方洞的面积。

纸环想象

答案及解析：剪开后是一个正方框，形状如下图所示。

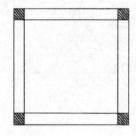

替代图

C。

棋　盘

如图所示。

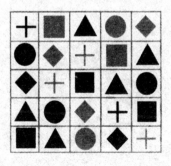

几何类创新能力训练

小纸盒

D。不信你就折折看。

14 个正三角形

如图所示。

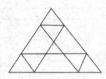

奇形怪状的木板

如图所示。

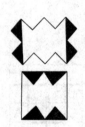

开环接金链

只要打开 3 个环。

随意打开其中一个环，只需要将 3 个环和其他的金链首尾相接就能相连成一个金链圈。

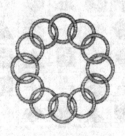

填色游戏

如图所示。

角度排列

所有的角都是 90 度直角，在人类的视觉反应中，右边第一个看起来要大一些，第二个则要小一些。

复杂的碑文符号

这个图可以经过 13 个转折一笔画成：

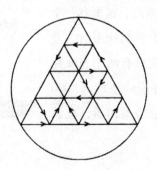

科学类创新能力训练

科学是我们人类认识客观世界的理论总结，客观世界纷繁复杂，从表面到本质盘根错节。我们在对这些盘根错节的关系进行梳理时，往往苦于思维能力的不足，这时就可以利用科学知识、科学方法来处理这些问题。有效的科学知识和方法会帮助我们将这些复杂的问题清晰化、简单化，从而使我们的思维进程顺利进行下去，直至解决问题。

天平称盐

死海含盐量很高，据说总的含盐量达450亿吨，盐场的盐堆积成山。这里有一个天平样式的秤，它在处于平衡状态时，左右秤杆却不一样长。现在只有两个500克的砝码，用这个秤能不能准确地称出1000克盐？秤杆的长度、重量均不知道，应该怎么办呢？

难度等级　★★☆☆☆

哪个冷得快

在同样的条件下，把两杯不同温度的牛奶放到同一个冰箱里，温度高的一杯与温度低的一杯哪个冷得快？

难度等级　★★☆☆☆

🔍 硬币如何落下

找一个小号的广口瓶，将一根火柴棒折成 V 形（不要完全折断，要使一部分纤维还连着），放在瓶口上，再取一枚比瓶口小一点的硬币放在 V 形的火柴棒上，在不用手或者其他工具接触 V 形火柴棒和硬币的情况下，想办法使硬币落到瓶子里去。

难度等级　★★★☆☆

🔍 哪一块水泥硬

生产队自制了一批水泥，需要试验一下这批水泥的硬度。有人说只要有一个小铁球就可以做这个试验。你知道怎样做这个试验才能够测出水泥的硬度吗？

难度等级　★★☆☆☆

科学类创新能力训练

桶里究竟有多少水

农夫雇用县里一名少年，要求他做一项很奇怪的工作。"这里有一个木桶，只要你装半桶的水在里面，不能多也不能少，而且不能使用木棒或绳子来量。"

最后这名被雇用的少年完成了农夫交代的工作，请问他用什么办法去测量桶内的水究竟有多少?

难度等级 ★★☆☆☆

真花和假花

一个小村庄里，有一对靠养蜂为生的兄妹，兄妹感情非常好。一天，妹妹拿来两朵一模一样的花给哥哥看，她让哥哥分辨哪朵是真花、哪朵是假花。要求哥哥只能远远地看，不能用手去摸，更不能闻。

如果你是哥哥，你会怎么办?

难度等级 ★★☆☆☆

真假古铜镜

爷爷非常喜欢收藏古玩，他闲着的时候就会到旧货市场上转转。一天，他在护国寺前看见一个小伙子拿着一面古铜镜叫卖，就走了过去。他拿起古铜镜仔细观察，发现上面铸有"公元前四十二年造"的字样。

爷爷没问价钱就走了，他不用请专家鉴定就知道这面古铜镜是假的。你知道这是为什么吗?

难度等级 ★★☆☆☆

猜猜熊的颜色

一只小熊在路上闲逛，不小心落入一口深为 20 米的井中。仅仅 2 秒钟它就从井口跌到了井底。你知道这只小熊是什么颜色的吗？

难度等级　★★☆☆☆

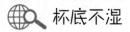 识别纯金台秤

这里有5座相同类型的台秤，其中一个台秤的摆针是用纯金制成的，假定除了摆针，5座台秤的材料全部相同。在不允许把台秤拆开，也不许使用其他台秤的情况下，请用最简单的方法找出那个摆针由纯金制作的台秤。

请问，应该怎么做？

难度等级　★★☆☆☆

为何装锌块

轮船在海水中航行，船壳很容易生锈。为了防止船壳生锈而被腐蚀，往往在轮船的尾部和船壳的水线下部，装上一定数量的锌块。原因何在？

难度等级　★★☆☆☆

杯底不湿

有一个玻璃杯，杯子中的底部是干的，现在把杯子放进装满水的盆中，但要求杯子的底部仍是干的，请问该如何放呢？

难度等级　★★☆☆☆

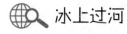 冰上过河

一个寒冷的冬天，一支部队来到了松花江边上，可即使是冬天，松花

江面还只是结了一层薄薄的只有五六厘米厚的冰，冰上面覆盖着一层雪。很明显这样踩在冰面上是很危险的，只有等到冰层达到七八厘米才会安全。大家正着急的时候，一位新来的士兵想出条妙计，部队只等了一会儿，冰层的厚度就达到了 8 厘米以上。

你知道他想出了一条什么妙计吗？

难度等级　★★☆☆☆

装蜜蜂的瓶子

凯伦将许多蜜蜂装在一个小玻璃瓶里，然后将玻璃瓶放在秤上，玻璃瓶的瓶口是密封的。那么，是蜜蜂都停落在玻璃瓶的底部的时候秤的读数大呢，还是蜜蜂在玻璃瓶中乱飞的时候秤的读数大呢？

难度等级　★★☆☆☆

 弹簧的平衡

一根弹簧用一根绳子系在天花板上，另一根绳子系在地板上，拉紧弹簧下端，这时弹簧上的指针读数为 100 千克。

然后依次把重 50、100 和 150 千克的砝码挂到弹簧上。弹簧上的指针读数分别为多少？

难度等级　★★☆☆☆

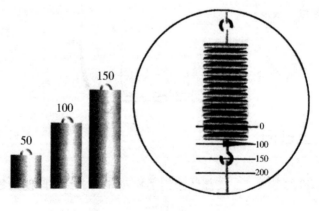

🔍 四金砖

有一位富翁，先后用 24K 黄金打造了 4 块金砖，形状都是正方体，每边长度分别是 3 厘米、4 厘米、5 厘米和 6 厘米（见下图）。他决定把这些金砖平均分给 2 个儿子。

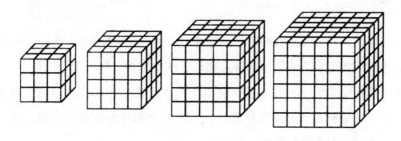

4 块金砖，大小不一，重量各不相同。怎样才能平均分成 2 份？

难度等级　★★★☆☆

🔍 在风中飞行的飞机

一架飞机从 A 地沿直线飞往 B 地，然后从 B 地沿原航线返回 A 地。飞行途中，没有风速，且飞机的发动机速度保持不变。现在的问题是，如果其他的条件保持不变，只是在全航程中从 A 地刮向 B 地有一定量的不变风速，那么，这架飞机往返航程所需的时间和原来无风速时相比，是会更多、更少或保持不变？

难度等级　★★☆☆☆

🔍 环球旅行

两个好朋友一直有自己开飞机环游世界的理想。他们设想从北京出发，最后再回到北京。一个人说："我向北方飞行，只要保持方向不变，就一定能飞回北京。"另一个人说："我向南方飞行，只要保持方向不变，也一定能飞回北京。"

你觉得他们的说法有道理吗？

难度等级 ★★★☆☆

 古堡奇案

在印度，一提起浩瀚的塔尔沙漠中那座高大而神秘的古堡，人们就不寒而栗。近几年来，凡是过路商人和马队夜宿古堡，都一个个送掉了性命，连骡马都不能幸免。到底古堡里的杀人凶手是谁？用的什么凶器？当局调来了全印度最有名气的侦探和警察，当夜也大都死在古堡大厅里。经高明的法医验尸，很难找到致死的痕迹。

警方无奈，只好在古堡大门口贴下告示："过往行人一律不准在夜间留宿。"后来英国著名探险家乔治来到古堡，一心想探明究竟，探险队员个个荷枪实弹地进入古堡。天亮待警察赶来，乔治和他的人马已全部遇难。印度警方继而发出紧急布告：凡能破古堡疑案者，赏金一万卢比。布告发出后迟迟无人问津。

一年后的一天，终于来了个白发银须、衣衫褴褛的乞丐，自称彼特利克，郑重地提出能破此案。警察局局长半信半疑，但又没有竞争对手，只得叫来刑侦科长并吩咐道："派人盯着这个送死的老家伙，看他搞什么鬼名堂。"刑侦人员发现那个老头买了一个大铁箱、一只猴子和一副渔网，这使经验丰富的警察局局长百思不得其解。

夜幕渐渐降临，彼特利克驾驶马车奔进那座令人望而生畏的神秘古堡，眼前漆黑一片，堡内死一般寂静。老乞丐摸进乔治遇害的大厅，他先给猴子注射了麻醉药，并将它放进渔网里。然后自己钻进铁箱，牢牢地抓住渔网的网绳。

老乞丐这样做到底是为什么呢？

提升指数：★★★★☆

罪犯的阴谋

夕阳西下，广阔的原野上阿尔法策马而行，奔往 A 城。途中的一株枯树上，捆绑着一个死去的牧马人。牧马人的嘴被堵着，脖子是用三根牛皮条捆住的，显然是由于脖子被勒住后窒息而死的。阿尔法解开绳子，把尸体放在马上，运到 A 城的警局。经检验，警官推断死亡时间是当日下午 4 点钟左右。第二天，警官逮捕了一名嫌疑犯。但是，经过调查，这个人从昨天中午到死尸被发现这段时间一直在 A 城，有人证明他一步也没离开 A 城。因为有人证明他不在场，所以，尽管嫌疑很大，也不得不释放。警官十分为难。"警官先生，所谓罪犯不在现场是一个骗局。"阿尔法三言两语，便真相大白。罪犯使用什么手段制造骗局？

难度等级　★★★☆☆

拙劣的谋杀

探长波洛准备去曼彻斯特度假。在火车站，他看到一位身穿黑色长裙的贵妇，正推着一位坐在轮椅上的老人慢慢走来。老人蜷缩成一团，表情十分僵硬。

"我能帮您什么吗？"波洛问道。"谢谢，我想不用了。"贵妇婉言谢绝，她叹了口气说道，"这是我的父亲，他偏瘫已经有一年多了，现在，我打算带他去曼彻斯特治病。"波洛说："曼彻斯特吗？正巧我也去那里，要不结伴同行？"

但贵妇婉言拒绝了波洛的好意。她推着轮椅，慢慢消失在人群中。看着她的背影，波洛忽然觉得有点不对劲，可到底哪里有问题，却也说不上。转眼上车的时间到了，远处火车呼啸着向站台驶来。突然，尖叫的刹车声响彻车站，刚才那辆轮椅出现在铁轨上，但因躲避不及，轮椅上的老人还是当场死亡了。

警察迅速赶到了解情况，黑衣贵妇哭诉道："刚才我好端端在等车，谁知道火车进站的时候，一股强大的气流向我吹过来，把我一下子向外吹，我一时站不稳，跌倒在地上。而我父亲的轮椅顿时失去了控制，一下子冲下站台。卡在铁轨上！然后……都是这该死的站台设计，我要告这该死的火车站！"

"女士，很遗憾你说的是假话。"波洛在一旁冷冷地说，"不管你是因为遗产还是其他的原因下这样的毒手，你都不能逃脱法律的制裁。警察先生，你应该立刻拘捕她。"

难度等级　★★★☆☆

阿基米德的巧计

古希腊有位科学家叫阿基米德，他有许多创造发明，大家都很尊敬他。

这天，罗马侵略军乘着战船，又来攻城。青壮年们不在，城里只有老人、妇女和孩子，大家都吓坏了，都来找阿基米德，要他想办法把敌人赶跑。

阿基米德走上城墙边一看，哎呀，太阳真厉害，照得人眼睛都睁不开。他看见罗马战船越来越近，船上的风帆不久前刚上过油。他灵机一动，高兴地说："有办法啦！放火烧船！"他指挥大家一齐行动，敌船上的风帆烧起来啦，敌人纷纷跳水逃命。你知道阿基米德用什么巧计，打胜这一仗的呢？

难度等级　★★☆☆☆

面不改色的阿凡提

聪明的阿凡提总是帮助老百姓对付财主，因此财主对阿凡提恨得咬牙切齿。有一次，财主借机把阿凡提抓起来绑到水池的柱子上，然后又在水面上放了很多大冰块。这时，水正好没到阿凡提的脖子处。

财主对阿凡提说："这次你可栽到我手上了！等冰块一融化，你就没命了！"阿凡提听了财主的话，面不改色，笑嘻嘻地一点儿也不在意。

你知道这是为什么吗？冰块融化之后水面会上升多高呢？

难度等级　★★☆☆☆

偷古钱的猫头鹰

大财主格罗德邀请了一个钱币收藏家巴赛德来做客，顺便欣赏对方带来的几枚日本古钱。当晚，两人在书房相谈甚欢，但是不久巴赛德就发现自己带来的日本古钱丢了三枚。这三枚钱币规格一样，都是直径3厘米、厚2毫米。

书房里只有他们两个人，巴赛德觉得钱肯定是格罗德偷的。但是格罗德当场脱光了衣服来证明自己的清白，巴赛德检查后，也确实没有找到古钱。

巴赛德仔细回想，当时自己正在用放大镜一个一个地欣赏着格罗德的收藏品，一点儿没有察觉。不过，那期间格罗德一步也未离开自己的书房，更没开过窗户，只是在鸟笼前喂自己的猫头鹰吃肉。所以，偷去的古钱不会藏到外面去。

巴赛德总觉得猫头鹰可疑，一定是它吞了古钱。但是，格罗德声称自己的猫头鹰肯定不会偷古钱。巴赛德想了一夜，第二天一早，他就和格罗德说希望把猫头鹰剖腹查看。当然，昨晚为了防止猫头鹰被掉包，巴赛德悄悄地在猫头鹰身上剪短了几根羽毛。没想到，格罗德倒是一反常态，答应了要求。可是，剖腹查看的结果是古钱也不在猫头鹰身体里。

那究竟是谁偷了古钱？又把古钱藏在了哪里呢？

难度等级　★★★☆☆

追　凶

刑警小王追踪一名刺杀他人后骑自行车逃走的歹徒。追踪到一个三岔

科学类创新能力训练

路口时，歹徒的逃跑方向成为一个问题。因为这三岔路口有左右两条路。"到底罪犯是沿哪条路逃走的呢？"经过仔细观察，这两条路都曾施过工，地上到处是泥沙。小王看到面前的两条路都有微微向上的坡度，而这两条路上都有自行车的车轮痕迹。小王蹲下身详细地比较了两辆自行车的车轮痕迹：右侧道路的痕迹前轮和后轮大致相同；而左侧的道路，前轮的痕迹比后轮浅。"哦，我知道了。"经过判断，小王飞速地选择了其中一条路追了下去。小王是如何判断逃犯逃跑的方向的？

难度等级　　★★☆☆☆

南岸的月影

某夜，在 M 市一条江边发生了一起凶杀案。警方在当地群众的帮助下，很快抓到了一名嫌疑犯。

"昨天晚上 22 点左右，你在哪里？"警员问。"昨晚我整夜都在江上钓鱼。"犯人故作轻松地回答。"你在哪岸垂钓？"警员又问道。"南岸。"罪犯说，"昨天的月亮很大，圆圆的映在江面上，美丽极了。"

"是吗？"警员用嘲讽的语调说，"昨夜确实是满月。而且天气也很好，月亮在晚上 19 点就出来了，一直到凌晨 4 点才落下。不过这些不能证明你晚上 22 点不在案发现场。快交代吧，你刚才在说谎。"

警员这样说的理由是什么？

难度等级　　★★☆☆☆

假遗嘱

富翁死后，突然出现了两份遗嘱，两个受益人带着遗嘱去打官司。其中第一份遗嘱是用打字机打出来的，工整清楚，语言逻辑性强；第二份遗嘱是手写的，字迹很像是富翁的，里面提出否定第一份遗嘱，并且里面强调是躺在床上仰面写成的，所以上面的油笔字迹有些凌乱。陪审团很多人都认为第二份遗嘱是真的可能性很大，这时有一个律师出来用事实证明第二份遗嘱是假的，你知道他是怎么看出来的吗？

难度等级　★★☆☆☆

🔍 泄密的玻璃杯

出版商玛丽小姐在自己的公寓里被杀了。警方找到三个嫌疑犯：作家露丝、印刷厂负责人卡罗和玛丽的前夫刘易斯。他们三个人的证词如下。

露丝："那晚我去找过她，主要讨论重新签订版税合同的事情。之后，玛丽倒了一杯冰镇饮料给我喝，大约5分钟后我离开了。"

卡罗："我当天晚上20点左右去的玛丽家，准备向她要回欠印刷厂的费用，但是她根本不和我谈钱的事情。后来我就走了。对了，她还给我倒了杯冰镇苏打水，楼下看门的老人能证明我是什么时候离开的。"

刘易斯："我们虽然因财产问题离婚，但离婚后我们还是好朋友。那晚我去看她的时候，她的情绪很不好。所以我在她那里只喝了杯白开水，聊了会儿就走了。"

警察在案发现场没有找到射杀玛丽的弹壳，只找到留有死者清晰指纹的玻璃杯。据预测，当晚的温度大概是37℃，请问：谁是凶手呢？

难度等级　★★★☆☆

🔍 最后的弹孔

某知名富翁被枪杀了！他是站在窗边时，突然被窗外射来的子弹击中。也许是凶手的枪法不准，打了4枪，最后一枪才命中被害者。窗户的玻璃上，留下4个弹孔，请问最后一枪的弹孔是哪个呢？

难度等级　★★★☆☆

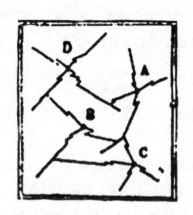

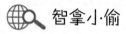 智拿小偷

大律师赛西拥有一件珍藏了一个世纪的家族珍宝——祖母绿。这件珍宝被赛西小心地封存在一个木头箱子里，箱子是檀木做的，非常沉重，箱口贴着封条。放祖母绿的丝绒小盒子就放在这个箱子里。赛西50岁生日当天，他亲自把这个箱子打开向大家展示这件珍宝的风采；在场的每一个人都被震撼了。就在大家观赏祖母绿时，赛西的好朋友来访，于是他赶忙把装祖母绿的小盒子放回木箱里，然后顺手拿起糨糊贴上封条，急匆匆地出去迎客了。但当他返回时，却发现箱子里的祖母绿突然不见了。前后才几分钟的事情，祖母绿就被人偷了，小偷究竟是谁呢？

正好大侦探波洛也在现场，他只说了一句话就找到了那个人。他说的是："我只需要一点碘酒，就能找出是谁拿走了祖母绿。"你知道为什么小偷一听要拿碘酒就承认了自己的罪行吗？

难度等级　★★☆☆☆

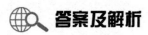

答案及解析

天平称盐

先在任意一头秤盘上放上去两个 500 克的砝码，另一头填上盐 A 使它平衡。然后，取下砝码以盐 B 代替砝码，使它再平衡。此时，盐 B 就是 1 千克。如果左右秤杆长度相等，那么盐 A 就是 1 千克。

那个冷得快

温度高的一杯冷得快。这是姆潘巴现象。冷却的快慢不是由液体的平均温度决定的，而是由液体上表面与底部的温度差决定的，热牛奶急剧冷却时，这种温度差较大，而且在整个冻结前的降温过程中，热牛奶的温度差一直大于冷牛奶的温度差。上表面的温度愈高，从上表面散发的热量就愈多，因而降温就愈快。

硬币如何落下

在火柴棒上滴几滴水，使水分沿着木质纤维的导管渗进去。火柴弯曲处的纤维受潮后膨胀，火柴棒自然就会渐渐伸直。这样，硬币就会自动掉进瓶子里去了。

哪一块水泥硬

测水泥硬度的办法有两个：

（1）让小铁球从相同高度自由下落，检查铁球落在每块水泥砖上的深度，深度浅的硬度大。

（2）让水泥砖成 45°安放，小铁球从相同高度下落，看铁球滚动多远。硬度大的，小铁球滚得远些。

科学类创新能力训练

桶里究竟有多少水

要使桶内的水刚好是半桶，只须把桶倾斜在使水刚好达桶口边缘的程度，这时水面必须和桶底的最高点等高才行。因为桶的上下圆周所相对的点的连线，刚好把木桶分成两半，如果水不及半桶，那么，底的一部分就会露出水面，反过来说，假如桶内的水超过一半，那水面就会高过于底部。

真花和假花

打开窗户，让蜜蜂飞到房间里来，蜜蜂只采真花的花蜜。

真假古铜镜

公元前 42 年时，公元纪年的概念还没有出现；汉字的公元纪年到 20 世纪才有。中国在使用公元纪年前，是使用帝号纪年法和干支纪年法的。

猜猜熊的颜色

小熊是白色的。只有在北极和南极，熊才能在 2 秒钟的时间里下落 20 米。因为地球是椭圆形的，根据万有引力定律，距地球的地心越近，地球的引力就越大。地球上离地心较近的地方在两极。而南极没有熊，北极只有北极熊，所以小熊是白色的。

识别纯金台秤

把所有台秤倒置过来，摆针由纯金制成的台秤所显示的刻度会与其他秤不同。纯金制的摆针比其他摆针要重。当开始考虑怎样才能找出台秤的基座部分的重量差异的时候，就已经找到通向答案的途径了。

为何装锌块

由于船壳是铁的，装上锌块就形成了原电池，锌比铁活泼，因此被腐蚀的将是锌而不是铁了。

杯底不湿

把杯子倒着放进水里，此时由于杯中充满空气而产生压力，使得水不能流进去，杯子底部也就不会弄湿。

冰上过河

有 2 种办法：①清除河面上的积雪，使寒冷传至冰层以下；②在冰面上浇水。

装蜜蜂的瓶子

重量是一样的，称得的重量取决于瓶子和其中装的东西，而这些并不改变。当蜜蜂在飞时，它们的重量被气流传递，作用在瓶子上，尤其是翅膀扇出的向下的气流。

弹簧的平衡

如果把 50 千克或 100 千克的砝码挂在弹簧上，指针仍旧将指向 100 千克，因为挂上去的砝码产生的力会抵消绳子上相应的拉力（如果砝码重量在 0 ~ 100 千克）。当重量超过 100 千克的砝码被挂上去后，绳子就会松掉，指针的读数将和挂上去的砝码的实际重量相同，所以当挂上一个 150 千克的砝码后，指针将指向 150 千克。

四金砖

因为 4 块金砖全是用 24K 黄金打造的，比重相同，所以它们的重量之比等于体积之比。计算表明：

$$3^3 + 4^3 + 5^3 = 23 + 64 + 125 = 216 = 6^3$$

由此可见，最大正方体的体积，恰好等于另外三个体积的和。

所以，最简便的方法是：将最大的一块金砖给一个儿子，其余三块给另一个儿子，就实现了平均分配。

科学类创新能力训练

在风中飞行的飞机

由于风速不变，因此，飞机在顺风时受到的推力，和在逆风时受到的阻力是一样的。这使人容易得出结论：飞机在有风但风速不变的情况下往返航程所需的时间，和无风速时相比保持不变。

但这个结论是错误的。上述思考有一个重要的忽略，即飞机在顺风时飞完一半航程所需的时间比在逆风时飞完另一半航程所需的时间少。也就是说，在往返航程中，飞机有更多的时间是在逆风中航行，因此，飞机在有风但风速不大的情况下往返航程所需的时间，比无风速时要更多。

解答思路为：设飞机的速度为 V，A、B 之间的路程为 S，风速为 a，则无风时飞机往返所需时间为 $\dfrac{2S}{V}$，

有风时飞机往返所需时间为 $\dfrac{S}{V+a} + \dfrac{S}{V-a}$，

$$\frac{S}{V+a} + \frac{S}{V-a} = \frac{S(V-a) + S(V+a)}{(V+a)(V-a)} = \frac{2VS}{V^2-a^2} = \frac{2S}{V} \times \frac{V^2}{V^2-a^2}$$

所以，只需比较 $V^2 - a^2$ 与 V^2 的大小。显而易见，$V^2 > V^2 - a^2$，分母越大，分数越小，所以无风时所用时间少于有风时所用时间。

环球旅行

没道理。飞机越过南极和北极之后，会改变方向。

古堡奇案

午夜，只见一团团黑影从古堡顶部飞下来，向猴子猛扑过去，只听苏醒过来的猴子一声惨叫，彼特利克迅速收紧了渔网，古堡内又静了下来，彼特利克在铁箱里安安稳稳地睡了一觉。次日早晨，他从古堡里胜利走出，被欢呼的人群团团围住。他指着渔网说："凶手就在里面，它就是这种奇特的红蝙蝠，长着像钢针一样锋利的嘴，夜间出来觅食，乘人畜不备，瞬间能将尖嘴插入人和动物的大脑，吮吸脑汁，可立即致死人命。由于红蝙蝠

具有这种杀人绝招，所以难以在死者尸体上找到伤处。"

当局正要论功行赏，老人拿出了证件。原来这位"乞丐"正是英国剑桥大学著名生物学教授汤恩·维尔特。他观察古堡研究红蝙蝠已经20多年，这才一举破了神秘古堡的百年疑案。

罪犯的阴谋

罪犯是在上午把牧马人绑在枯树上的。那时，被害者还没完全窒息，罪犯是用湿的生牛皮捆住被害者的脖子后扬长而去的。湿牛皮在夏天太阳的照射下，逐渐干缩，直到勒紧牧马人的脖子，使其窒息而亡。

拙劣的谋杀

火车进站的时候，由于车速很快，所以会在火车周围形成强大的低气压，但是这样的气压不会将人向后吹倒，反而会把穿宽大衣服的人吸过去。因此，贵妇显然在说谎。而且她送父亲到曼彻斯特治病，竟然没有携带任何行李，这更让人怀疑她早有预谋，治病只是个幌子而已。

阿基米德的巧计

阿基米德叫大家拿起镜子，千万面镜子把阳光集中反射到一个点——敌船的风帆上，使这个点温度迅速升高，上过油的风帆很容易就起火燃烧了。

面不改色的阿凡提

水面不会升高，因为冰块融化后水的体积正好等于它排开水的体积。

偷古钱的猫头鹰

猫头鹰抓住小鸟或老鼠后是整个吞食的，然后再把消化不了的骨头吐出来。格罗德在食饵肉中夹上三枚古钱喂了猫头鹰，猫头鹰是整吞的。第二天早晨，猫头鹰吐出不消化的古钱，格罗德将它们藏起来，然后再杀了

科学类创新能力训练

猫头鹰，并剖腹检查好证明自己的清白。

追　凶

凶手是沿着右侧的岔路逃走的，因为前轮和后轮所留下的轮胎痕迹深浅完全相同。

通常骑自行车时，骑者的重量都是加在后轮上的，因此在平路，或是下坡时，前轮的痕迹较浅，而后轮的痕迹较深。可是在上坡时，因为骑者的力量向前倾，体重偏向车把，所以前后轮的痕迹几乎深浅相同。

南岸的月影

这个愚蠢的凶手说自己在南岸垂钓，还看到了江面上的月影。他犯了一个常识性的错误。南岸垂钓，必定面朝北方。在北半球由于地球的自转，月亮和太阳都是由东向西穿过南方的天空。因此面向北方的钓鱼人根本看不到江面的月影。所以警察据此判断此人在说谎。

假遗嘱

这个律师之所以判断第二份遗嘱是假的，是因为他知道躺着用油笔写字，很快就会因油笔不出油而无法写字。

泄密的玻璃杯

根据口供，露丝和卡罗喝的都是冰镇饮料，而刘易斯喝的是白开水。在炎热的天气里，冰镇饮料会让杯子外表面迅速结出一层水珠，这样死者留下的指纹就应该是模糊的。而常温下手触碰杯子后留下的指纹应该是清晰的。所以，死者最后见的人是刘易斯，由此推断凶手是喝了白开水的刘易斯。

最后的弹孔

最后一枪的弹孔是 C。后发射的子弹射在玻璃上的裂纹被前面击碎的玻璃裂纹挡住停下。因此按顺序查看，便可得知子弹发射的顺序是 D、A、B、C。

智拿小偷

封条上的糨糊是刚刚刷上去的，如果揭开，一定会沾到手上，而糨糊的主要成分是淀粉，碰到碘酒会变成蓝色。波洛正是利用了这个简单的科学原理，轻而易举地让偷窃者交出了祖母绿。

科学类创新能力训练

综合类创新能力训练

综合创新能力主要是指综合地利用创造思维方法的能力，它要求我们掌握逻辑思维技巧、形象思维技巧、逆向思维技巧及发散思维技巧等等，尤其要学会通过多种思考方法的交叉互渗整合。

综合创新能力是非常重要的，它可以使我们对事物、问题的特性、规律有所了解，有所掌握，为进一步解决问题打下基础。

🔍 猜　牌

有人从一副纸牌中发出4张，每张牌都是一面图形另一面花纹。于是这人说："桌上任何一张一面是三角形的牌，另一面总是条纹。"

如果你想肯定他的话是真的，你需要翻转哪些牌？

难度等级　★★★☆☆

🔍 判断正误

1. 小芳的叔叔是小芳姐姐的祖母的儿子。

2. 如果某一年的 7 月是 31 天，那么这一年的 8 月应该是 30 天了。

3. 一个人在 6 点钟时走进车间，他把挂在地图上的时钟倒挂过来，发现时针正指向地图上的南方。

4. 一个小孩用一个半径为 6 厘米的半圆形卡片制作圣诞卡。他想在上面贴一张长 6 厘米、宽 3 厘米的图片，但他发现这张图片根本不能完全放进这个半圆形的卡内。

5. 幼儿园老师给了第一个孩子 10 块甜饼，给了第二个孩子 15 块，给了第三个孩子 21 块，给了第四个孩子 28 块。按照这组数列的排列规律，老师应该给第五个孩子 35 甜饼。

6. 有 10 个小孩在一起玩雪球。如果每一个小孩都要向其他的每一个小孩扔一个雪球，那么总共扔出了 90 个雪球。

7. 森特的包里有 30 双红袜子和 22 双白袜子，如果他随机地从包里掏 3 次袜子，每次取出一只袜子，他肯定能得到一双配对的袜子。

8. 如果一个花环由 7 片花瓣组成，那么就需要 8 个连接带。

9. 如果蓝气球比绿气球大，蓝气球同时又比红气球大，那么绿气球比红气球大。

10. 一个农场是一个正六边形，筑 3 条直栅栏可以把这个农场平均分成 6 块。

11. 击鼠标比赛开始了。参赛者有小宝、小军和小乐。小宝 10 秒能击 10 下鼠标，小军 20 秒能击 20 下鼠标，小乐 5 秒能击 5 下鼠标。以上各人所用的时间是这样计算的：从第一击开始，到最后一击结束。现比赛要求击 40 下鼠标，比谁快。那么，他们三个人会打成平手。

12. 驯鹿驾着雪橇往西走 5 个街区，然后往南走 10 个街区，再往东走 5 个街区，又往北走 5 个街区，现在雪撬在起点以南 5 个街区处。

13. 汤姆在湖中看见了自己的倒影。他右肩上有一个包，在倒影中，这个包跑到了左肩上。

14. 强强有两只左手戴的手套而没有右手戴的手套，他发现只要把这个左手手套翻过来，就可以戴在右手上。

综合类创新能力训练

你能快速、准确地判断以上说法的正误吗？

难度等级　★★★☆☆

燃香计时

有两根粗细不一样的香，香烧完的时间都是 1 小时。用什么方法能确定一段长 45 分钟的时间？

难度等级　★★★☆☆

有几只猫

房间的四角各有 1 只猫，每只猫的对面各有 3 只猫，每只猫的后面又各有 1 只猫。请问：这个房间一共有多少只猫？

难度等级　★★☆☆☆

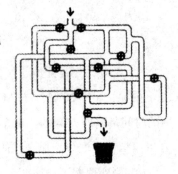 几个水龙头

如果让水流到水桶里，最少要开几个水龙头可以办到？

A. 1 个

B. 2 个

C. 3 个

D. 4 个

难度等级　★★☆☆☆

谁能取胜

猎豹和狮子在平原上赛跑，距离是 100 米往返（共 200 米）。猎豹跨一

步是 3 米，狮子跨一步是 2 米。但狮子每跑 3 步猎豹才跑 2 步。

你知道谁能夺得最后的胜利吗？

难度等级　★★☆☆☆

有多少硬币

安娜喜欢把钱存在一个心形小存储罐中，朋友笑说她将钱装在"心"里，而且里面装的全部是硬币。当她数钱时，她发现了一个极巧的事：她的 1500 枚硬币正好是 800 元，硬币分为 1 元硬币、5 角硬币以及 1 角硬币。

那么，你能说出这些硬币各有多少个吗？

难度等级　★★☆☆☆

多余的第四个

有 4 组物品：

（1）苹果、梨、西红柿、橘子；

（2）刮脸刀、剪刀、铅笔、铅笔刀；

（3）斧子、钉子、电锯、电钻；

（4）小号、小提琴、大号、萨克斯管。

请问在这四组物品的每一组中，有无"多余的"第四个？为什么？

难度等级　★★☆☆☆

水果的顺序

在一个集市的水果摊上，有人把 20 种水果并排放成了两排。下列各句中的"在左边"、"在右边"指的是在同一行，"在前面"、"在后面"指的是在另一行的相对位置。

葡萄在柠檬和芒果的右边，芒果在油桃的左边，油桃的后面是番木瓜。

综合类创新能力训练

樱桃在草莓的后面，在李子的右边，在柿子的左边。柿子在枇杷的右边，枇杷在杏子的左边。橘子在梨的右边，在李子的左边，李子在桃的右边，桃在樱桃的左边，在橘子的右边。

酸橙在梨的前面，在西瓜和香蕉的左边。香蕉在黑莓的左边，黑莓在西瓜的右边，西瓜在草莓和香蕉的左边。树莓在柠檬的左边，柠檬在黑莓和草莓的右边。草莓又在香蕉的右边，在树莓和芒果的左边。芒果在柠檬的右边。

油桃在葡萄的左边，葡萄在树莓的右边，树莓在草莓的右边。番木瓜在番石榴的左边，番石榴在枇杷的右边。枇杷在樱桃的右边，在柿子的左边，柿子在杏子的左边。

你能根据上面的信息，把各种水果排成合适的顺序吗？

难度等级 ★★☆☆☆

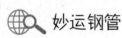

妙运钢管

一次，一位工程师到国外去考察，回国时随身带了一根由特殊工艺制成的钢管，因为它正是国内的研究和试验所必需的东西。可直到工程师即将登上飞机的时候，才发觉该国航空公司规定随身携带的货物其长、宽、高都不准超过 1 米，而这根钢管直径虽然只有 2 厘米，但它的长度却有 1.7 米，是不允许被带到飞机上的物品。这可怎么办呢？工程师着急了。眼看着飞机就要起飞了，工程师突然想到了一条妙计，并很快顺利地把这根钢管带到飞机上，而且既没有损坏钢管，又没有违反航空公司的有关规定。那么，这位工程师想到了一条什么样的妙计呢？

难度等级 ★★★☆☆

巧算数字和

有两组数字，分别为：

第一组：9 1 2 3 4 5 6 7 8

第二组：8 9 5 3 7 4 6 2 1

你能否瞬间比较出两组数字之和的大小？

难度等级　★★☆☆☆

12 的一半

你能证明 12 的一半是 7 吗？

7+7=12?

难度等级　★★☆☆☆

合理分钱

一个农场主有很大一片荒地，他的手下有两个工人，甲开垦荒地的速度是乙的 2 倍，但乙种植的速度是甲的 3 倍。农场主想把这片土地开垦并种植上农作物，于是他让甲、乙各承包一半的土地。于是，甲从南面开始开垦，乙从北面开始开垦。他们用了 10 天完成了这项开垦和种植的工作。农场主给了他们一共 1000 元钱。那么，他们两个人如何分这 1000 元钱才合理呢？

难度等级　★★☆☆☆

巧倒粮食

先往一个袋子里装绿豆，用绳子扎紧袋子中部后，再装进小麦。在没有任何容器，也不能将粮食倒在地上或其他地方的情况下，你能先把绿豆倒入另一个空袋子中吗？

难度等级　★★☆☆☆

综合类创新能力训练

万能羊圈

一个印第安人有 3 只绵羊和 3 只山羊，他想给它们建造羊圈，并打算让自己的儿子来完成这件事情。他给了儿子 12 块大小和长度一样的隔板，让他搭建 6 个正方形羊圈，一只羊一个。

印第安人考虑到绵羊较大，山羊较小，因此，要求儿子搭建 3 个大羊圈，3 个小羊圈，并且大羊圈的面积是小羊圈的 2 倍。儿子做到了这一点。

儿子的活儿刚完工，印第安人又突然变卦，要求儿子把大小羊圈的面积比例改成 3∶1。儿子无奈，按父亲的要求作了调整。但不一会儿，印第安人又改变了主意，要求把羊圈由正方形改成长方形。这并没有难倒儿子，因为他找到了一种方法，能把这 12 块隔板搭建成 6 个羊圈，同时根据需要，能任意地改变它们的面积比例，或者由正方形改成长方形，或者再由长方形改成正方形。

想想看，这个儿子的方法是什么？

难度等级　★★☆☆☆

听纸知字

在圣诞节晚会上，魔术师 H 先生给一群女士表演了一个有趣的游戏，叫"听纸知字"。他对女士们说："你们每人拿一张纸，随便写上一句话，叠好后交给我。"

女士们很快写好并交给了他。H 先生拿起第一张纸，放在耳边听了听，说"这张纸上写着'上帝保佑我们'，是谁写的？"

A 女士举起手来说："是我。"H 先生拆开看，说："果然是'上帝保佑我们'6 个字。"

于是，他又听下面一张，也听对了。他一张一张地听下去，结果全听对了。女士们都感到很惊奇。

其实 H 先生和 A 女士事先就串通好了，他知道 A 女士写的是"上帝保佑我们"6 个字。

那么，他是怎样知道其他女士写的话的呢？

难度等级　★★☆☆☆

掺水的牛奶

现在有半杯牛奶和一杯水，把少量水倒入牛奶中，然后慢慢地把牛奶和水的混合物倒回水杯中一些，直到牛奶杯仍是半满为止。

我们的问题是：现在，牛奶杯中的水是否比水杯中的牛奶多？

难度等级　★★☆☆☆

步行时间

某公司的办公大楼在市中心，而公司总裁 Q 先生的家在郊区一个小镇的附近。他每次下班以后都是乘同一次市郊火车回小镇。小镇车站离家还有一段距离，他的私人司机总是在同一时刻从家里开出轿车，去小镇车站接总裁回家。由于火车与轿车都十分准时，因此，火车与轿车每次都是在同一时刻到站。

有一次，司机比以往迟了半个小时出发。Q 先生到站后，找不到他的车子，又怕回去晚了遭老婆骂，便急匆匆沿着公路步行往家里走，途中遇到他的轿车正风驰电掣而来，立即招手示意停车，跳上车子后也顾不上骂司机，命其马上掉头往回开。回到家中，果不出所料，他老婆大发雷霆："又到哪儿鬼混去啦！你比以往足足晚回了 22 分钟……"

你知道 Q 先生步行了多长时间吗？

难度等级　★★★☆☆

小偷的选择

有两个小偷因偷窃被抓住并单独囚禁。警察分别告诉他们，如果不坦白自己与另一个小偷以前所做的违法之事，而另一个小偷坦白了，那么坦白的一方将被当场释放，而不坦白的一方将被判刑10年；如果都坦白了，则都从宽判刑5年。但小偷也知道，如果他们都不坦白，因警察找不到其他证明他们以前犯罪的证据，则只能对他们现在的偷窃行为进行惩罚，各判刑半年。

这两个小偷将如何做出自己的选择？

难度等级　★★☆☆☆

见面分一半

一只从没出过远门的小猴子跑到一块桃园里，摘了很多的桃背起来就走。没走几步，就被山神拦住了，山神说要见面分一半。小猴子只好无奈地把桃分了一半给山神。分完以后，山神看见小猴子的包里有一个特别大的桃，又拿走了那个桃。

小猴子非常不高兴，背着桃悻悻地走了。没走一里路，又被风爷爷拦住了，同样风爷爷从小猴子的包里拿走了一半外加1个。之后，小猴子又被雨神、电神、雷神用同样的办法要走了桃。等小猴子到家的时候，包里只剩下一个桃。小猴子心想：反正就只有一个，干脆我自己吃了吧。这下，却被妈妈看见了。小猴子委屈地向妈妈诉说自己的遭遇。妈妈问他原来有多少个桃，小猴子说他也不知道有多少个桃，而且他们每人拿走了多少也不知道。但妈妈一算就知道小猴子原来有多少个桃。

你知道吗？

难度等级　★★☆☆☆

甜饼的诱惑

有 3 个旅行家去了远方的埃比城，回来的时候，他们 3 人去了一家餐馆用餐。吃完饭后，他们点了一盘甜饼，并打算平分。可是，甜饼还没上来他们就都睡着了。第一个人醒来时看见了甜饼，于是把他那份吃了，接着又睡着了。第二个人不久也醒了，也把认为属于他自己的那份甜饼吃了，然后很快又睡着了。最后，第三个人醒来发现了甜饼，把认为属于自己的那份吃了，然后也进入梦乡。他们在鼾声中度过了那一夜。第二天，服务员将盛有甜饼的碟子收走了，这时桌上剩下 8 块甜饼。

你知道桌子上原来有多少块甜饼吗？

难度等级　★★☆☆☆

取项链

阿凡提给老财主打工，但老财主既想让阿凡提干活，又想赖掉工钱，他就想出了这么一个办法。

老财主对阿凡提说："这串项链共有 11 个环，作为你 11 个月的工钱，你每月必须取走 1 环，但一共只准你砸断 2 个环，如果办不到，就扣除你的全年工钱。"聪明的阿凡提想了想便一口答应了。11 个月过去了，阿凡提一环不少地取走了项链。

你知道阿凡提是怎样断开项链的吗？

难度等级　★★☆☆☆

头上沾泥的孩子

一个教室里有 10 个孩子，其中有 7 个孩子的额头上沾了泥巴。每个孩子都能看到别的孩子额头上是否有泥巴，但无法看到自己的。这时，老师

综合类创新能力训练

走进教室，他说："你们中间至少有一个人额头上有泥巴。"然后，他问："谁知道自己额头上有泥巴？知道的请举手。"他这样连续问了6遍，无人举手，当问到第7遍的时候，所有额头上有泥巴的孩子都举起了手。

你知道为什么吗？

难度等级　★★★☆☆

聪明的囚徒

古时候，有一个国王想处死一个奴隶，他为了表现他的聪明，制定了这么一条规定："奴隶可以任意说一句话，而且这句话是可以马上验证其真假的。如果奴隶说的是真话，那么就处以绞刑；如果说的是假话，那么就砍头。"

这位奴隶是一个非常聪明的人。他说了一句话，结果无论这个国王想按照哪种方式处死他，都将违背自己的决定，所以最后只得放了他。你知道这句话是什么吗？

难度等级　★★☆☆☆

错误的假设

六位朋友猜谜语自娱。看你能猜出多少个。

红衣男士先问：上周我关了卧房的灯，可是我能在卧房黑暗之前就上到床上。如果床离电灯的开关有10尺之远，我是怎么办到的？

蓝衣男士说：每次我阿姨来我的公寓看我时，她总是提早下了五层楼，然后一路走上来，你能告诉我为什么吗？

绿衣男士说：有什么字以"IS"起头，"ND"结尾，有"LA"在中间？

红衣女士说：有天晚上我叔叔正在读一本有趣的书，突然他太太把灯关掉了。虽然房间全黑了，他还是继续在读书。他是如何做到的？

绿衣女士说：今天早上我一只耳环掉到我的咖啡杯里头，虽然杯子都装满了咖啡，但是耳环却没湿，为什么？

蓝衣女士问最后一个问题：昨天，我父亲碰到下雨，他没带伞也没带帽子，他的头上没有用任何东西遮雨，他的衣服全湿了，但是他头上没有一根头发是湿的，为什么？

难度等级　★★☆☆☆

美酒和毒酒

在一个国家被攻陷的时候，有一个数学家被逮到了，按照胜国的规矩，他要喝毒酒而亡。处刑的时候，有两位士兵站在他面前，他们有一个人说真话，一个人说假话，一个人拿的酒有毒，一个人拿的酒没有毒，而且他们知道自己拿的酒是否有毒。

现在只允许数学家向两个人中的任意一个问一个问题，然后选择一瓶酒，如果是没有毒的酒，就可以幸免一死。

如果你是那位数学家，你将怎么设计这个问题，而找到没有毒的酒呢？

难度等级　★★☆☆☆

盲人取袜

两个盲人分别买了 2 双黑袜子和 2 双白袜子，8 只袜子的布质、大小完全相同，且每双袜子都由一张商标纸连着。两个盲人不小心将 8 只袜子混在了一起。

请问：他们怎样才能分别取回黑袜子和白袜子呢？

难度等级　★★☆☆☆

不翼而飞的一元钱

三个商人同去住旅馆，每人一间房，每间房的房费是 10 元钱，他们一共付给老板 30 元钱。第二天，老板觉得三间房只收 25 元钱就够了，便叫服务员把 5 元钱退给三位客人。谁知服务员贪心，只退给每人 1 元钱，自己偷偷拿了 2 元钱。这样一来，那三位客人每人花了 9 元钱，三个人一共花了 27 元。但是服务员只偷拿了 2 元钱，这样总共是 29 元，可是他们三个人当初一共付出 30 元钱，还有 1 元钱在哪儿呢？

难度等级　★★☆☆☆

🔍 巧移棋子

如图所示，24 枚棋子分为 3 行排列，第一行 11 枚，第二行 7 枚，第三行 6 枚。

现在要求只移动 3 次，且每一次移入某一行的棋子数都和被移入行原有棋子的数目相等，最终使每一行的棋子数都是 8 枚。

该怎么移动棋子呢？

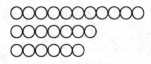

难度等级　★★☆☆☆

🔍 邮票的面值

已知 A、B、C、D、E 五枚面值不同的邮票中：

（1）A 的面值是 B 的面值的 2 倍。

（2）B 的面值是 C 的面值的 4 倍半。

（3）C 的面值是 D 的面值的 1/2。

（4）D 的面值是 E 的面值的 1/2。

请问：这五枚邮票的面值由大到小应怎样排列？

难度等级　★★☆☆☆

田忌赛马

甲、乙、丙、丁四匹马赛跑，共进行了 4 次比赛。结果是甲领先乙 3 次，乙领先丙 3 次，丙领先丁 3 次。很多人会以为丁是四匹马中跑得最慢的那匹，但事实上，丁却领先甲 3 次。

这看似矛盾的结果可能发生吗？

难度等级　★★☆☆☆

过　桥

现在小明一家过一座桥，过桥时候是黑夜，所以必须有灯。小明过桥要 1 秒，小明的弟弟要 3 秒，小明的爸爸要 6 秒，小明的妈妈要 8 秒，小明的爷爷要 12 秒。每次此桥最多可过两人，而过桥的速度依过桥最慢者而定，而且灯在点燃后 30 秒就会熄灭。问小明一家如何过桥？

难度等级　★★☆☆☆

分月饼

中秋节到了，班级里买回了一箱月饼准备分给同学们。

第 1 个同学取走了 1 块月饼和剩余月饼的 1/9，第 2 个同学取走了 2 块月饼和剩余月饼的 1/9，第 3 个同学取走了 3 块月饼和剩余月饼的 1/9，第 4 个同学取走了 4 块月饼和剩余月饼的 1/9，依次类推，把全部月饼一点不剩地分配给了全部同学。请问班级共有多少个同学，共有多少块月饼？

难度等级　★★☆☆☆

综合类创新能力训练

答案及解析

猜　牌

通常的反应是翻转有三角形的牌和有条纹的牌，然而正确的答案是需要翻转有三角形的牌和有点的牌。如果你翻转有点的牌而背面是三角形，这人的话就是假的；翻转有条纹的牌发现正方形或翻转有正方形的牌发现条纹并不证明什么。

这里混淆之处在于"所有有三角形的牌背面都是条纹"这句话和"所有有条纹的牌背面都是三角形"是不一样的。

判断正误

1. 对。小芳姐姐的祖母就是小芳的祖母，她祖母的儿子只能是她的大伯、叔叔或她爸爸。

2. 错。无论是平年还是闰年，7 月和 8 月都是 31 天。

3. 错。在 6 点钟时，时针指向南方，此时把时钟倒过来，时针应指向北方。

4. 错。这个问题有点复杂并需要想象力。一个等值的问题是："能否把一个边长为 3 厘米的正方形放进一个直径为 6 厘米的 1/2 圆中？"这个问题的答案是"能"。因为一个正方形对角线总小于它的边长（或在本问题中即半圆的半径）的 2 倍。

5. 错。老师应该给第五个小孩子 36 块甜饼，因为：10 + 5 = 15，15 + 6 = 21，21 + 7 = 28，28 + 8 = 36。

6. 对。每一个小孩都要向除他以外的孩子扔一个雪球，即扔 9 个雪球，那么 10 个小孩就扔 90 个雪球。

7. 对。假设袜子的颜色分别为 x 和 y，并且第一次森特从包里掏出的袜子的颜色是 x。如果他第二次挑出的袜子的颜色是 x，那就正好可以配对。

青少年最爱玩的创新力思维游戏

如果第二次是 y，则他有一只 x 和一只 y。这样，第三次他无论是掏出什么颜色的袜子都可以配对了。

8. 错。每一片有两个端点，每两个端点需要一个连接带。所以说，连接带的个数与片的个数相等。这样，做一个由 7 片花瓣构成的花环只需要 7 个连接带。

9. 错。我们可以肯定地说蓝气球是最大的，但不能肯定地说出绿气球和红气球的相对大小。

10. 对。通过这个正六边形中心的三条直线就能够把它分成相等的 6 个三角形。

11. 错。是小军最先击完 40 下鼠标。因为各人所用的时间是这样计算的：从第一击开始，到最后一击结束。所以，相邻两次击动鼠标的时间间隔，小宝是 10/9 秒，小军是 20/19 秒，小乐是 5/4 秒，即小军击鼠标的时间间隔最短，因而速度最快。

12. 对。往东的 5 个街区抵消了最初往西的 5 个街区，所以，雪橇只是往南行了 10 个街区和往北行了 5 个街区，最后的结果是往南行了 5 个街区。

13. 对。倒影或镜像是和原物相反的，所以左边的东西出现在倒影中正好在右边。

14. 对。左手手套翻过来正好适合右手。

燃香计时

将两根香同时点着，但其中一根要两头一起点。两头一起点的香燃尽的时候，时间正好过去半个小时。只点一头的香也正好燃烧了半小时，剩下的半根还需要半个小时。再两头一起点，燃尽剩下的香所用的时间是 15 分钟。这样两根香全部烧完的时间就是 45 分钟。

有几只猫

不要被这一长串的叙述所迷惑，其实一共就有 4 只猫。仔细想想看。

几个水龙头

A。只要打开一个水龙头就可以让水流到桶里了。

谁能取胜

狮子。猎豹和狮子的速度完全相同。但狮子跑到 100 米时正好是 50 步；而猎豹跑到 99 米时，下一步却要超出百米线 2 米，即它要从 102 米处折回，这样等于它多跑了 4 米，当然会输给狮子。

有多少硬币

每种面值的硬币各有 500 枚，它们依次为：500 枚 1 元硬币 = 500 元，500 枚 5 角硬币 = 250 元；500 枚 1 角硬币 = 50 元。

多余的第四个

本题要找出"多余的"第四个，就不但要求有概括的思维能力，同时还要求有一定的适度概括能力。如第一组中，假如把它们概括为"吃的东西"，当然没错。但经过观察，发现其中的苹果、梨、橘子只需概括至"水果"就可以了。这样，没有水果属性的西红柿，就是"多余的"第四个了。所以答案是有。分别如下：

第一组中，苹果、梨、橘子为水果，"多余的"第四个为西红柿，它是蔬菜。

第二组中，刮脸刀、剪刀、铅笔刀为刀具，"多余的"第四个是铅笔，它是书写工具。

第三组中，斧子、电锯、电钻是木匠工具，"多余的"第四个是钉子，为钉接物。

第四组中，小号、大号、萨克斯管为管乐器，"多余的"的第四个是小提琴，为弦乐器。

水果的顺序

后排：梨、摘子、桃、李子、樱桃、枇杷、柿子、杏子、番木瓜、番石榴。

前排：酸橙、西瓜、香蕉、黑莓、草莓、树莓、柠檬、芒果、油桃、葡萄。

妙运钢管

工程师向乘务人员要了一个长、宽、高均为 1 米的货运箱子，然后再将钢管斜着放了进去，因为 1 米的立方体其对角线长刚好超过 1.7 米，所以自然就顺利地把钢管带上了飞机。

巧算数字和

第一组数字之和和第二组数字之和相同。

两组数字均由 1、2、3、4、5、6、7、8、9 组成，只是各数字出现的顺序不同罢了。

如果注意力一开始就被"数字之和"所吸引，思维就会忽略问题的关键。思考问题时，不被无关细节干扰，直接抓住问题的关键，也是思维灵活的一种表现。

此题考查了对事物从不同层面、不同角度进行观察。对同一事物，从不同的角度加以观察、思考，人们可以看到它的不同方面，并对这些方面进行综合，从而得到对事物的全面性认识。

12 的一半

把罗马数字 12（XII）拦腰切成两半，就成了两个罗马数字 7（VII）。

合理分钱

每个人 500 元。因为农场主让"甲、乙各承包一半的土地"。所以他们

开垦和种植的土地的面积是一样的。

巧倒粮食

先把袋子上半部分的小麦倒入空袋子，解开袋子上的绳子，并将它扎在已倒入小麦的袋子上，然后把这个袋子的里外翻到外面，再把绿豆倒入袋子。这时候，把已倒空的袋子接在装有小麦和绿豆的袋子下面，把手伸进绿豆里解开绳子，这样小麦就会倒入这只这袋子，另一个袋子里就是绿豆。

万能羊圈

答案如图所示。

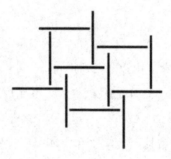

听纸知字

H 先生先偷偷地把 A 女士的纸条放在所有纸条的最下面。他第一次拿起来"听"的是另外一位女士的纸条，但他把它当做 A 女士的"听"出来，再拆开看时，就知道第二位女士写的是什么了。当拿起第二张纸条时，就把刚才看到的那张纸上的字"听"出来，然后又拆开看，看后又拿另一张来"听"，"听"后又把刚才看到的字说出来。就这样一张张"听"下去，最后才拆开 A 女士的，结果就全"听"对了。

掺水的牛奶

通常的回答是说牛奶杯中的水较多。毕竟倒进牛奶中的是纯水，而倒进水中的是冲淡的牛奶。然而，正确的答案是牛奶和水的转移量相同。

这个答案时常引起争论。要证明为什么是这样，最好的方法是设想有两桶小球，而不是两杯液体。开始时，一只桶内放 100 个绿球，这代表水。另一只桶内放 20 个白球，这代表牛奶。

取任意数目的绿球——我们取 10，把它们转移到白球桶内。这样转移过后，一只桶内有 90 个绿球，另一只桶内有 20 个白球和 10 个绿球。

现在转移 10 个球回去，但这次是混合的。假定其中有 8 个白的，2 个绿的。在第二次转移后，一只桶内有 92 个绿球和 8 个白球，另一只桶内有 12 个白球和 8 个绿球。两只桶内所含球的数目与开始时相同，但是 8 个绿球（"水"）已经与 8 个白球（"牛奶"）交换过桶了。不管取回的是什么混合物，换桶的绿球和白球数总是相同的。

思考问题时可以采取某种置换思考对象的方式，比如此题将牛奶与水置换为白球和绿球，计算起来结果便明朗了许多。

步行时间

假如 Q 先生一直在车站等候，那么由于司机比以往晚了半小时出发，因此，也将晚半小时到达车站。也就是说，Q 先生将在车站空等半小时，等他的轿车到达后坐车回家，从而他将比以往晚半小时到家。而现在 Q 先生只比平常晚 22 分钟到家，这缩短下来的 8 分钟是，如果总裁在火车站死等的话，司机本来要花在从现在遇到 Q 先生总裁的地点到火车站再回到这个地点上的时间。这意味着，如果司机开车从现在遇到总裁的地点赶到火车站，单程所花的时间将为 4 分钟。因此，如果 Q 先生等在火车站，再过 4 分钟，他的轿车也到了。也就是说，他如果等在火车站，那么他也已经等了 $30 - 4 = 26$（分钟）了。但是惧内的 Q 先生总裁毕竟没有等，他心急火燎地赶路，把这 26 分钟全都花在步行上了。

因此，Q 先生步行了 26 分钟。

综合类创新能力训练

小偷的选择

从选择心理上讲，在竞争性的互动选择中，每个人都希望自己受益最大。但从格式塔心理学角度来看，结构不是其组成部分的简单相加，其组成部分的性质是由内部系统性整体结构决定的。这也就是"格式塔"的意义所在。因此，思考本题时，要以知觉思维素材所感受到的有关该事物的整体形象为出发点。这就是在"小偷的选择"中，每个小偷选择的结果——是当场释放还是被判刑（10 年、5 年、半年），不能想当然地只考虑自己的困境，同时也要考虑另一个小偷的困境。任一小偷的"最佳选择"，不仅取决于自己的决定，还取决于另一个小偷的决定。这就涉及博弈论问题和意志自由的问题。

首先，小偷如何选择，必须符合博弈论的原理。所以，在小偷的选择中，每一个小偷如何确定自己的策略选取，只能从另一个小偷的各种选择策略分析中，"归纳地"得出在任何情况下，自己的"最佳选择"是什么。

其次，小偷如何选择，也必须受合乎理性的意志自由的支配与调节。

虽然小偷完全可以按照自己的意志，决定"坦白"或者"不坦白"。从这个意义上说，小偷的意志也是自由的。但是，诚如前述，意志的自由，并不等于说意志是随意的。意志自由必须是合乎理性的自由，意志的选择必须合乎事物之间的普遍联系。因此，在自觉确定目标，根据目标支配自己，调节行动，克服困难，实现目标的心理状态中，小偷的选择也必须符合意志对于意识的两种调节作用，亦即促使人从事带有目的性的必要行动的发动作用，以及制止与预定目的相矛盾的愿望和行动的抑制作用。

所以正确答案是：这两个小偷都将做出"坦白"的选择。

见面分一半

小猴子原来有 94 个桃。

甜饼的诱惑

因为桌上剩下的甜饼是第三个旅行者醒过来时的 2/3，所以他醒来时，桌上的盘子内会有 12 块甜饼；同样，这 12 块甜饼是第二个旅行者醒过来时的 2/3，所以，他醒来时，盘子里有 18 块甜饼；这 18 块甜饼是第一个旅行者醒来时的 2/3，这就是说盘子里原来有 27 块甜饼。

取项链

阿凡提采用隔 3 个环断开 2 环的方式将项链分开。

阿凡提的取环方法是这样的：第一、二两个月分别取走一个环，第三个月，将两个环还回，取走三连环，第四、五两个月又分别取走一个环，第六个月，将五环还回，取走六连环……按照这个方法，在 11 个月里就可以把 11 个环全部取走。

头上沾泥的孩子

如果只有 1 个孩子额头上有泥巴，当老师第一遍提问时，他立即就会举手，因为他没有发现任何一个孩子额头上有泥巴，因此可以立即推断出是自己额头上有泥巴。如果有两个孩子额头上有泥巴，则他们都只看到 1 个孩子额头上有泥巴。当老师第一遍提问时，他们都无法确定是否自己额头上有泥巴，但是当第一遍提问结束没有人举手时，他们立即明白自己额头上有泥巴，因为，如果自己额头上没有泥巴，他们所看到的那个额头上有泥巴的孩子在第一遍提问时就会举手，理由如上所述。因此当老师第二遍提问时，这两个额头上有泥巴的孩子会同时举手。如果有 3 个孩子额头上有泥巴，则他们都只看到两个孩子的额头上有泥巴。当老师第一遍和第二遍提问时，他们都无法确定是否自己的额头上有泥巴，但是当第二遍提问结束没有人举手时，他们立即明白自己的额头上有泥巴，因为如果自己的额头上没有泥巴，他们所看到的那两个额头上有泥巴的孩子在第二遍提问时就会举手，理由如上所述。因此，当老师第三遍提问时，这 3 个额头上有泥巴的孩子会同时举手。由此我们得出一般性的结论：如果有 n 个孩子的额头上有泥巴，则当老师 n 遍提问后，所有额头上有泥巴的孩子会同时举手。

聪明的囚徒

这名奴隶说：我是将要被砍头而死的。

错误的假设

1. 在解这个问题时，大部分的人都会有个不必要的假设：认为关灯的时间是在晚上，但是在题目中并没有这么说。关灯后房间并没有黑掉，因为是白天。

2. 错误的假设是：阿姨的身高和常人一样。事实上，她是侏儒，够不到电梯上她侄子那层楼的按钮。

3. 错误的假设是：在三对字母之间还有其他字母。那个字就是"IS-LAND"。

4. 错误的假设是：认为人只能用眼睛才能看书。那位男士是盲人，他以点字来读书。

5. 错误的假设是：认为"咖啡"一定指的是液体的咖啡。耳环掉入干的咖啡罐中，自然不会弄湿。

6. 错误的假设是：父亲头上有头发。父亲是秃头，因此没有头发可被淋湿。

美酒和毒酒

数学家应该问他们中任意一个："请告诉我，另一个士兵将如何回答他手里拿的是美酒还是毒酒这个问题？"

如果这个士兵回答的是"他说他手里拿的是毒酒"，事实上另一个人手里拿的肯定是没有毒的酒；如果这个士兵说另一个士兵会回答他手里拿的是没毒的酒，事实上手里拿的肯定是毒酒。

原因是两个人中一个说真话，一个说假话，现在让一个士兵传达另一个士兵的回答，所说的一定是假话。

盲人取袜

盲人无法通过视觉辨别物体，但他们的触觉十分灵敏。顺着这个思路，我们可以尝试找寻问题的答案，即：除了颜色不同外，黑色和白色还有什么不一样的特性？将两条线索归纳到一起，就可以找到解决问题的方法，即将四双袜子放在太阳底下晒相同的时间，因为黑袜子比白袜子吸热更多，所以用手触摸，比较热的那两双是黑袜子，另外两双是白袜子。

不翼而飞的一元钱

题中的叙述犯了逻辑错误，三位客人每人花的 9 元钱应包括服务员偷拿的 2 元钱，而不包括退回的 3 元钱。

巧移棋子

第一步：把第一行的 7 枚棋子移到第二行。如图：

○○○○
○○○○○○○○○○○
○○○○○

第二步：把第二行中的 6 枚棋子搬到第三行。如图：

○○○○
○○○○○○
○○○○○○○○○

第三步：把第三行中的 4 枚棋子搬到第一行。如图：

○○○○○○○○○
○○○○○
○○○○○

邮票的面值

将题干条件形式化：

（1）A = 2B；

综合类创新能力训练

（2） B＝4.5C；

（3） C＝0.5D；

（4） D＝0.5E。

条件（2）可改为：2B＝9C。

条件（3）可改为：D＝2C；4.5D＝9C。

条件（4）可改为：E＝2D；2.25E＝4.5D。

综合上述各条件关系，可将它们整理为

A＝2B；

2B＝9C；

9C＝4.5D；

4.5D＝2.25E。

由此可得：A＝2B＝2.25E＝4.5D＝9C

所以，这五枚邮票的面值由大到小的排列顺序为：A、B、E、D、C。

田忌赛马

这样的结果是可能发生的。

第一次赛跑的名次：甲、乙、丙、丁。

第二次赛跑的名次：乙、丙、丁、甲。

第三次赛跑的名次：丙、丁、甲、乙。

第四次赛跑的名次：丁、甲、乙、丙。

过　桥

这个题目是考察一个人的思维方式及思维方式转变能力，这两样能力能力往往也与一个人的应变与创新状态息息相关。所以回答这些题目时，必须冲破思维定式，试着从不同的角度考虑问题，不断进行逆向思维，换位思考，并且把题目与自己熟悉的场景联系起来，切忌思路混乱。

具体到这道题目来说，很多人往往认为应该由小明持灯来来去去，这样最节省时间，但最后却怎么也凑不出解决方案。但是换个思路，我们根据具体情况来决定谁持灯来去，只要稍稍做些变动即可：第一步，小明与弟弟过桥，小明回来，耗时 4 秒；第二步，小明与爸爸过河，弟弟回来，耗时 9 秒；第三步，妈妈与爷爷过河，小明回来，耗时 13 秒；最后，小明与弟弟过河，耗时 4 秒，总共耗时 30 秒。

分月饼

此题需逆向思考。最后一个同学取走的月饼数目应与全班的人数相同。他前面一个同学取走全班人数减 1 块月饼和剩余月饼的 1/9。由此可知最后一个同学得到的是剩余月饼的 8/9。即，在最后一个同学取月饼的时候，剩余月饼应是 8 的倍数。

假设最后一个同学取走的是 8 块月饼。那么，全班共有 8 个同学。第 7 个同学取走 7 块月饼再加上剩余 9 块月饼的 1/9 共 8 块月饼。第 7、第 8 个同学一共取走 16 块月饼，这应该是第 6 个同学取走 6 块月饼后剩余月饼的 8/9。我们可以得到第 6 个同学取走 6 块月饼后剩余的月饼数为 16/（8/9）=18。第 6 个同学取走的月饼数为 6 + 18/9 = 8。

第 5 个同学取走 5 块月饼后剩余月饼的 8/9 为 8 + 8 + 8 = 24（块）。则第 5 个同学取走 5 块月饼后剩余的月饼数为 24/（8/9）= 27（块）。第 5 个同学共取走 5 + 27/9 = 8（块）月饼。

第 4 个同学取走 4 块月饼后剩余月饼的 8/9 为 8 + 8 + 8 + 8 = 32（块）。则第 4 个同学取走 4 块月饼后剩余的月饼数为 32/（8/9）= 36（块）。第 4 个同学共取走 4 + 36/9 = 8（块）月饼。

第 3 个同学取走 3 决月饼后剩余月饼的 8/9 为 8 + 8 + 8 + 8 = 40（块）。则第 3 个同学取走 3 块月饼后剩余的月饼数为 40/（8/9）= 45（块）。第 3 个同学共取走 3 + 45/9 = 8（块）月饼。同样，第 2、第 1 个同学也分别取走 8 块月饼。

综上所述，每个同学都取走 8 块月饼。因此，共有 8 个同学，64 块月饼。

综合类创新能力训练